独り酒、振舞酒

Ikebe Ryo
池部 良

TAC出版

目次

本書は平凡社より1993年に刊行された書籍
『酒あるいは人』を改題の上、
刊行当時の内容のまま再出版したものです

独り酒、振舞酒

桃の節句に

僕の酒を嗜《たしな》む歴史は、白酒に始まる。

大正十二年の関東大地震に出遭った二年後小学校に入学している。七歳のとき。

日めくりの暦が三月一日になった。

おふくろが西北向きの奥の八畳の唐紙戸を開き、身体を突っこんで、桐の箱を四個取り出した。

僕達（弟と）が近づいて「お母さん、お雛さん出してんの？」と聞いたが、それには答えず、箱から内裏雛を引き出して、人形の肩や膝の上に詰めてある桜紙に包んだ真綿を、丁寧に抓《つま》み上げる。

「お母さん、僕達、男だから、雛祭りしなくたっていいんだろう」と言ったら、

「いいわよ。でも、お母さんがお雛さんを飾ったら、毎日、ちゃんと坐って拝むのよ」と言った。

「僕が？　どうして？」と僕が言う。弟も「僕も？」と言った。

「あなた方、がさつだからよ。お雛さんを見れば、静かで、優しい男の子になるわ。

あなた方の、どっちかが、女の子だったらよかったのに」と言う。

おやじが入って来た。絣《かすり》の筒っぽの和服に絵の具を溶かすテレビン油の匂いを滲《し》みこませていた。

「何んだ。又、出してんのか。雛人形は出すなって言っておいたじゃねぇか」と言う。

「あたしだけで、お雛祭りをしてるんですから、いいじゃありませんか」

「ばかやろ。あたしだけってのが気に入らねぇんだ。当てこすりをやってんじゃねぇのか」

「当てこすりですか？」とおふくろが呻《うめ》いた。

「そうだよ。俺の生まれた日が三月三日だってこと知ってるじゃないか。三月三日といやあ、女の節句だ。女の節句に生まれたってんで、男の風上にゃ置けねぇ、と思ってんだろ」

「何を、つまらないことおっしゃってんですか」

「つまるか、つまんねぇかは、俺が考える。大体、お前は、家ん中が男ばかりで、色気がねぇと盛んに言ってるから、こんな柔弱な、雛人形を飾っちゃ気分を紛らわしてる。そらあ、俺にも解らんこっちゃない。十分に察しがつく。察しはつくが、その元を作ってるのはお前だからな。だから、こんな頭の悪い男を二人も作ったんだ」

「どうして、この子達が出来たのを……」

「つまりだ。女の子が出来るのは男親の精力、精神力が強いってことだが、男が生まれるってのは、女親が男親を蹴とばすほど、精力が絶倫。男を二人も産んだんだから、お前は、馬鹿々々しいほど強いわけだ。その罪、万死に値する」

おふくろは指先にあった詰めものの真綿を邪険に振り落として「夕ごはんは、あなた方で作って、食べて下さいな。あたし、京橋の母の家に行って来ますから」と言って立ち上がった。

夕食になった。おふくろは京橋に行くと言ったにも拘わらず家に居て、おやじ、おふくろ、僕達、と顔を合わせて、近所のマーケットで買って来たメンチボールをおかずに食べた。

「さっきな。風呂へ行く途中でな。角の餅菓子屋の婆々に呼び止められた」とおやじが言う。おふくろは返事もせずメンチボールを口に押しこんだ。僕達は二人を上目遣いに見較べた。

「呼び止められてな。明後日はお雛さんの日だから、白酒を買って、奥さん孝行なさいなってんで、みっともねぇことだったが、白酒二本、持たされた」と言って、ははと弾まない大笑いをし、懐から徳利形の白い瓶を二本取り出した。おふくろは目を下にしてメンチボールをリズムもなく嚙んだ。

「お母さんの雛祭りだ。この家は女っ気と言ったら、お母さんだけだ。お母さんは酒が駄目だからな。俺達で、白酒、飲んで、雛祭りのお祝いをしてやろうじゃないか」

おやじは湯呑み茶碗を三つ並べ、おやじの分には、なみなみと、僕達には三分の一ほどに白酒を注いだ。

「よし、飲め」とおやじは言い、ごぶりと飲んで「げっ、甘えの甘くねぇの。胸が悪くなるぜ」と言ったら、

「胸が悪くなるなら、無理して下さらなくてもいいんですよ。良ちゃん達、これ、お酒よ。子供じゃない、飲まないでよ」とおふくろが金切り声を出した。

「いいじゃねぇか。大きくなりゃ、当然、うちの家系だ。酒を飲む。今から、練習しておいた方がいい。飲め」と顎をしゃくった。

弟は飲まなかったが、僕は、みんな飲んだ。甘くて、いい香りで、ちょっとばかり口の中でぱっとなって、胃袋に入ったら、かっとして、うまい「もん」だなと思った。

突然、顔が熱くなり、目が回った。

翌日から、この味と香りと目が回るのが、忘れられなくなって、一ケ月に一度ぐらいはおやじの日本酒や洋酒を盗んで飲んだ。

酒を覚え、酒を嗜んだのは、この白酒に始まる。

春日大神に謝る

池上本門寺街道に沿う春日神社の夏祭りの夜。

おやじはおふくろや小学生の僕達伜を引きつれて提灯やカーバイドの青い灯だけが目立つ暗い境内の人混みを一巡。何を買うでもなく観るのでもなく通りに抜けた。

「あたし、酸漿《ほおずき》が欲しかったのに」とおふくろが言ったら
「お前の出っ歯で、あれが鳴らせるわけがない。それに、あの朱とも紅ともつかぬ良い色の酸漿の実が似合うのは十八、九の女の子に限る。お前じゃ酸漿が泣くってもんだ」とおやじは言った。

おやじは洋画家だが、江戸っ子を誇りにしていたから、かなり独断と偏見を含んだ強固な主張を放つ癖《へき》があった。

おやじとは、ついに対話らしい対話も、会話らしい会話もなく二十年前に他界されてしまったが、「おやじ」と書けば、まずおやじの絵が浮かび、次に夕食時、酒を飲む顔を思い出す。飲む量は大したことはなかったが、好きだったようだ。それも日本酒に限っていたようだ。

御輿《みこし》安置所の小屋の前に来たら、「祭」と背中に染め抜きされた半纏《はんてん》を羽織り、折った手拭いを衿に掛けたおじさん達に声をかけられた。

「先生、今晩は。お祝いでございます。一杯召し上がって下さい」と白髪のおじさん。

「おお、床屋の御主人か。いやいや、あたしは大して寄附してるわけじゃなし。結構ですよ」とおやじ。

「ま、そうおっしゃらず。寄附なんか、どうでもよござんすよ。先生が、さっき、目の前をお通りになったのを拝見しましたから、新しい薦《こも》かぶりの鏡を割ってお待ちしてたんですよ。御高名な先生に素通りされたんじゃ春日大神さんも、お泣きになりますよ」

「あたしが飲まないと春日さんが泣くのかね」

「そらあ、お泣きになりますよ。折角、灘の生一本を取り寄せてあるのに、御高名な絵描きさんに横を向かれたって。春日の沽券《こけん》にかかわる、なんておっしゃって」。白髪のおじさんも大分、酔いがまわっているらしいが、勧め方が堂に入っていた。

「なるほど。灘の生一本。なるほど、で、春日大神の沽券にかかわる。あたしが素通りして一杯も頂かないと。なるほど」とおやじは浴衣の衿を合わせ、僕達を見るともなしに見た。

「さ、先生、あたしが汲んでさし上げましょう」。白髪のおじさんは柄杓《ひしゃく》の柄を摑《つか》み、樽の口いっぱいに溢れている酒に柄杓を横から滑らせて掬《すく》った。酒の面に薄く映っていた提灯がゆらりと乱れた。おやじは難しい顔を、ちょっと崩して白髪のおじさんの方へ一歩寄って腕を伸ばした。だが腕を伸ばし切らない内に、急いで引っこめた。

「いやいや。結構。あたしの寄附の札だって尻から二番目に金高の少ないとこにぶら下がっている。あんな寄附じゃ、柄杓の〝ひ〟も飲むわけにはいきませんよ」と言い、

「じゃ、秋祭りにでも、うんと寄附したら飲ませてもらいますか。さ、みんな、帰るんだ」と僕達を両手で鶏を追うように促した。

　狭い通りに往き交う、顔もはっきり見えない人達に肩を押されたりぶつかったりして三分ばかり歩いたら、おやじは突然立ち止まった。

「入ってぇのは三度、勧められて三度目に、いやだと思ったら断る、いやでなかったら受

ける。これが礼儀ってもんだ。三遍も勧められて、やっと四度目に断るってのは優柔不断。女々しいにもほどがある。江戸っ子のするこっちゃない。俺は今、反省したんだ。誤解されねぇように、あの白髪のじいさんに謝って来ようと思う。お前達、先に帰ってろ」と言った。

柱時計が十一時を鳴らした。おふくろが素焼きの豚の「蚊遣り」に杉の葉を焼《く》べたとき、台所の戸口から男の騒々しい声が聞こえた。

おふくろが慌てて戸を開けたら六人の祭り半纏を着たおじさんが戸板を担ぎ、その上に大の字に寝ているおやじを見た。

「先生が、謝りなさるってぇから、あたし達謝られるようなことはしてませんよ、って言ったんですがね。とにかく飲まなきゃ春日大神やあんた方に申し訳がないっておっしゃるんで。よく解らねぇが、じゃって、柄杓を差し上げたら、くいって酒を掬って、くい、くいとお飲みになって、酒は祭りの酒に限る。うめぇ、うめぇって、たて続けに十一杯もお飲みなすった。若いもんだって五杯がいいとこだ。十一杯目に、日本酒ってのものは、何んたって〝生《なま》〟の人間じゃなきゃ解らねぇだろ、神様なんかに解るもんかってどなったと思ったら目を回して引っくり返っちまったんですよ」と白髪のおじさんは一挙にしゃべり「みんな、下ろせや」と声をかけた。

地面に下ろした戸板から、おやじは六人がかりで引きずられて台所の上がり框《かまち》に寝かされた。

おやじは酒が元で他界したとも思われないが、江戸っ子を誇りにしたのは辛かっただろうと思っている。

八岐大蛇が呑んだ酒

夕食を食べていたら「今日は春日神社の大祭だったな。俺は食い終わったら、勉強のために神楽を観に行く。お前達も観たけりゃ、付いて来い」とおやじが言った。

僕の小学校三年生。昭和二、三年の秋だったと思う。

家を出るとすぐに、池上街道になり、左に折れて、大森駅の方へ行く。歩いて十五分ばかりのところに春日神社があった。

おやじはスケッチブックと、僕から取り上げた革の鉛筆入れを絣の着物の懐に入れた。

春日神社は、小ぢんまりした神社で、周囲の低い石垣に沿って檜《ひのき》や杉や、椎の木の大木が屋根のように葉を茂らせ、夜店のアセチレンの灯とか、あちこちに吊るされた裸電球の光を受けた本殿、神楽堂が、別世界のように浮いていた。

狭い境内は、ひどい人混みだった。

「お母さん、おかぐらってなーに？」と僕が、大人の尻や腹に、肩を挟まれ揉まれして聞いたら「おかぐらは、おかぐらよ」とおふくろは、無愛想に返事して、おやじを見失うまいと懸命に人を掻き分けた。

やっとのこと、舞台の正面から五、六メートル離れたところに立っているおやじの背中に辿り着いたが、舞台は二メートルと高く、目に入るのは、前にいる大人の首すじと舞台の欄干と格子天井だけだった。

「お母さん。何んにも見えないよ」と言ったら「あなた」とおやじに声をかけ「良ちゃん、肩車しておやりなさいな」と言った。

「馬鹿やろ。俺は絵描きだ。肩車して肩の骨でも折ってみろ。もう、一生、絵が描けねぇ。描けないとなりゃ、お前達の食い扶持は稼げねぇじゃねぇか」

「馬鹿なことおっしゃい。ちびの良ぐらい肩車したからって、どうってことはないでしょ」

おふくろの援護射撃に、おやじは渋々、僕を肩車した。

肩車されたから、僕の目は、舞台の床とすれすれになり、正面の松の木を描いた板壁を背にし、金襴の鱗模様の衣裳を着た巨大な蛇が、塒《とぐろ》を巻き、手には大きな素焼きの皿を持っているのが見えた。白無垢、赤い袴を付けた女の子が、白い徳利を皿に傾けて、何かを注いでいる様子だった。

「お父さん、蛇が持ってるお皿に、女のひと、何を入れたの」と聞いたら、

「ばかやろ。蛇には違いねぇが、あらあ、八岐大蛇《やまたのおろち》と言って悪い蛇だ。持ってるのは盃だ。素戔嗚尊《すさのおのみこと》が巫女に扮して、大蛇に酒を呑ましてだな。酔っぱらはさせようとしているとこだ」と言う。

「でも、徳利から、何んにも出て来ないよ」

「芝居だから、真似だけしてるんだ。とにかく八岐大蛇は、うまい酒に、すっかりいい気持ちになってだな」

「お酒って、いい気持ちになるの?」

「当たり前だ。いい気持ちになるから、酒を飲むんだが、上等な酒じゃねえと、そうはいかん」

「どんなのが、上等な、お酒なの」

「そらあ、いろいろあるが、あの頃だと……」

「あの頃って、いつの頃?」

「うるせぇな。俺もお前も生まれてねぇ、ずっと前だ。素戔嗚尊がいた頃だから、大昔だが、その頃の上等の酒ってのは、男を知らねぇ生娘がだ。つまり、男の、あれを見たとすりゃおやじのものか、兄貴の莢隠元《さやいんげん》みてえな、小《ち》っちゃな、ち」と言ったとき、おふくろがおやじの足を踏んづけた。おやじは「痛え、何しやがるんだ」と咽喉の奥で叫び、僕は危く、首を下げたおやじの肩から、ずり落ちそうになった。

「あなた、こんなとこで、大きな声で、品の無いこと言わないで下さいな」とおふくろ。

舞台では、大きな素焼きの盃を呷《あお》った蛇が、早くも酔ったのか、だんだんと塒を解いてだらしない姿になった。

「お父さん。娘がどうしたの?」と聞いた。

十歳の子供のことだから、酒と言うものが、飲めばいい気持ちになるものだと言われても、どういう心地よさを感じさせてくれるものか、見当もつかなかったし、酒と娘の因果関係に至っては、想像することさえ出来なかったが、例え、後悔はしても「原罪」を犯したくなるような、酒への関心を抱いた、ような記憶がある。

「黙って観てろ。神楽、観てねぇんだったら下りろ」とおやじは言う。

「あなた。上等なお酒のお話、途中まで、なさったんじゃないの。そんな尻切れ蜻蛉《とんぼ》の説明なら、なさらなきゃいいのよ。あなたっていつもそうなんだから。自分勝手なひとってありゃしない」とおふくろが言った。

「ばかやろ。お前が、俺の足、蹴とばしたから説明が止まっちまったんだ。話を尻切れ蜻蛉にするほど、俺はいい加減な男じゃない」

裸電球に照らされて黄色く明るい舞台に目を戻したら、いつ、現われたのか、これ又、金襴の大袈裟な衣裳に身を包み、ばさばさの髪の毛、真っ白な肌に整った目鼻唇の面を付けた「男」が、抜き身の大刀を片手に、嵐の前の静けさのような音《ね》の小太鼓と横笛に乗り、大蛇の前で、ゆるり、ゆるりと舞っていた。

「良、あれが、素戔嗚尊だ。その内、八岐大蛇を切り殺してな。尻尾から、天叢雲剣《あめのむらくものつるぎ》を出すんだ」とおやじは、僕の足を引っ張って言う。「あなた。上等なお酒を若い女の子が、どうしたんですか」とおふくろが降って湧いたように聞いた。おやじは一瞬、「え?」と聞き直した。「お前も、しつっこいな。そんなことあ、どうでもいいこった。神楽、観てろよ」と言った。「よかぁありませんよ。どうしたんですか」

「要するにだ。大昔の上等な酒ってのは、処女が、米を噛み砕いて唾液と一緒に壺に入れてだ。永い間、土の中に埋めて置く」と言ったらおやじとおふくろの間に挟まっていた弟が、「ねえ、ショジョって、なにさ」と細い高い声を張り上げた。

「しょじょ、か？　それはだな。まだ男と」

「あなた」とおふくろに遮られた。

おやじの肩に乗っている僕にも「ショジョ」の意味が解らなかったが、何んとはなしに女の子のこと、ぐらいは見当がついた。

僕の家、「女」と言えば、おふくろしかいなかったから、「女の子」とは神秘な、手を触れてはいけない、遠い世界の花のように思えていただけに、女の子が米を嚙んでは壺に入れて作る酒なるものは、どんなに神聖で、どんなにうまい飲みものになるんだろうかと思いを膨らませたら、頭が、じーんとして、何がなんでも、早く大人になって、そんな、うまいものを飲んでやろうと、自分に誓った。

「池部先生でございまするな」

真っ白な着物に水色の袴を穿いた、髪の毛の薄い小柄なおじいさんが、人を押しのけ、おやじの前に、回りこんだ。

「あたくし、当社の禰宜《ねぎ》にござりまする。この度、大層な、御喜捨を賜りまして有り難うございました。就きましては、御神酒《おみき》を一献、差し上げたいと存じまする。社務所まで、御足労願えませんでしょうか」と言った。

「御神酒？　それは有り難いが、じゃ、お神楽が終わったところで」とおやじ。

「お神楽なぞ、来年にでも、御覧になれますです。けれど、差し上げたい御神酒は、去年の新米で仕込んで一年目のもの。女で言えば、番茶も出花、そらあ、甘くて、爽やかで、咽喉越しのよろしい濁り酒なんでござりますよ」

おやじは、僕を、何んの合図もなしに、肩から、すとんと地面に降ろした。

「濁り酒って、どぶろくですか」

「はい。かむながらに、当社で作りました」

「かむながらに、ね。てぇと米を生娘が嚙んで涎《よだれ》と一緒に壺に入れて」

「いえ、いえ。そうは致しませんが、何しろ娘盛りの味の良さ。是非、御高名な先生に味わって頂きたいと存じまして」

おやじは「行くぞ」の一声を残し、おじいさんを楯にして人混みに突入して行った。

おやじは、社務所の縁側に胡坐《あぐら》をかいて、きちんと坐った禰宜のおじいさんと向かい合った。さっき、八岐大蛇に、お酒を注いでいた巫女のお姉さんが大きな湯呑み茶碗をおやじに差し出している。

「うまい、ですな。こらあ。娘盛りの甘さ、爽やかさとは、よく言ったもんですな」とおやじは言い、茶碗を呷った。

おふくろと僕と弟は、おやじの前に立っていたが、縁側が高いから茶碗の中に、何が入っているのか見えなかった。

おやじは「うまい」、「うまい」を連発して、巫女さんに七杯もお代わりを頼んだ。七杯目を一口啜《すす》ったおやじは「ああ、いい気持ちになった。俺は、帰るぞ。御馳走になりま」と立ち上がりかけたら、つんのめって縁側から落ちた。

不幸中の幸いか。おやじは額にかすり傷を作っただけだったが、腰がゆるんでしまい立っていられず、禰宜のおじいさんと巫女さんに担がれて境内を出た。おふくろが、しきりと「すみません」、「申しわけございません」と謝り、謝りして、弟の手を引き、先に立って歩いた。僕は、ちょっとの間だったが、後に残って、縁側に転がっているおやじが飲んだ茶碗を取り、底に溜まっていた白く濁った液体を、人差し指の先に付けて舐めてみた。

舌に乗り、口中に広がった甘くて、ぴりっとした感触は、得も言われぬ、夢を見るような心地のするものだった。

近い将来、僕には無くてはならぬ「もの」だと確信した。

これが娘盛りの味とは意識になかったけれど、この味と香りは、僕が追い求めなければならない「もの」であると確信した。

神楽堂の舞台には、素戔嗚尊も八岐大蛇も見えなかったが、薄暗い電灯の下で、太鼓を打つ人の頭が一つ見えた。

茶碗を縁側に置いたが、別れるのが惜しかった。

「宇王通火」という名の酒

僕がウォッカという名の酒を知ったのは、ずい分と以前のこと。知っていると言っても目に見たり聞いたりしただけだから、ほんとに知っていたとは言えない。

目で見たり聞いたりした限りでもウォッカはワインやブランデーみたいに粋に飲む酒ではないようだ。味や香りに至っては心ゆくばかりに飲んだことがないから表現のしようもなく、良いものなのか悪いものなのかの見当さえつかない。はっきり解っていることはウォッカは日本酒のように神事に始まったり、ワインのように神様に近い人の血となったりすることはなく、地球の北の頭の方に住んでしまった人達の生活の智慧の発明品だということ。

極寒の中で暮らす人達にとってアルコールは活力の素であっても、嗜《たしな》む、嗜好品というわけにはいかない。冷たくなる身体を温めるカロリー源。カロリーは熱量であっても栄養素ではないからスタミナがつくとは思われないが一時的に肉体的にも精神的にも奮い立たせる効用があるわけだ。

ウォッカは、この効用で、猫可愛がりに可愛がってくれるお爺さんみたいに極寒地帯のロシヤでは親しまれているが、そうであっても温暖、四季のある日本などでは、もてはやされるところまでは、いっていないようだ。だから酒の飲み方の下手な我々日本人がウォッカ、ウォッカとワインのように目の色を変えて追いかけることはない。

ウォッカの泥くさくて、野暮で、人の好い、だが腹の底が見えない、といった香りと味は他のどんな酒でも追随を許さないものがある。

譬えてしまうと叱られる虞《おそれ》があるが、明治維新の大業を興した薩・長・土・肥から輩出された人々によく似ている気がしてならない。実によく似ていると断定出来ないところが難しいのだが、少なくとも江戸生まれの勝海舟には似ていないと思っている。

僕の小学校の頃、今から六十年前。

おやじの姉の連れ合いが海軍大佐で逗子に家を持っていて横須賀鎮守府に勤めていた。四年生の夏休み、だったと覚えている。おやじに連れられ、伯父の家に行った。おやじは翌日、帰ってしまったが僕はそのまま預けられ一夏を過ごした。伯父や伯母が良ちゃんって可愛いから遊びに来させなさいと言ったものか、家に居られたら、うるさくて絵を描く邪魔になる、伯母さんの家にでも行ってくれと捨てられたものかは僕には解らない。何れにしても毎日一人で浜に出かけ一人で海に入ったりした。

伯父の海軍大佐は、毎朝、五時半起床。ついでに起こされ、一緒に朝めしを食べさせられた。六時十分、水兵さんが真鍮の碇《いかり》マークをバンパーにつけた黒塗りの自動車を運転して迎えに来る。

「お迎えに参りました」と水兵さんの声が聞こえると伯母は肩章の付いている真っ白な制服を、畳にきちんと並べ大佐に着せる。伯父はズボン吊りだけは自分で肩に載せたが靴下は、箪笥《たんす》の角に摑《つか》まって伯母に履かせてもらった。

詰衿のホックを掛けてもらうのを最後に、伯父は左手を伯母の目の前に出す。差し出された手に、伯母は自分の袂で包んだ金ピカな短剣を手渡した。伯父は、受け取り腰に帯びる。桜のバックルが、がちりと締められるのを見届けた伯母は跪《ひざまず》いたまま後ろに置いてある春慶塗りかなんかの丸いお盆を両手で持ち、伯父の胸の辺りに捧げた。

お盆には舶来の空色の可愛いガラス瓶と、手のある鏡と、クリスタルガラスのかなり大き目なウイスキーグラスがあって透明な液体が、なみなみと注がれてあった。

伯父は、まず手鏡を持ちガラス瓶に薬指一本を伸ばして表面をひと撫でし、左右共に十センチはあろうかと思われる黒々とした八字髭に薬指の先をつけ、髭の角度と太さを手鏡を覗きこんで整えた。撫でつけたのはポマードだと知ったのは、東京へ帰る頃だった。

「では勤務して来ます」と伯父は言い「行ってらっしゃいませ」と伯母が畳に額をつけた。

伯父は、一旦、目を閉じてからウイスキーグラスを左手に抓《つま》み、右手で髭を下から押し上げて口を開き液体を放りこんだ。

放り込んだ液体を、舌の上に留めることはせず、どどっと流しこむ。と思ったら伯父は、頭を激しく十回ほど振り、げぶっと変な音を立て一歩、半歩とよろめいて簞笥の上にある戸棚におでこをぶっつけ「いたッ」と咽喉の奥で悲鳴を上げてから、

「留守中、なにかと気をつけなさい」と言って玄関に出て行った。この服を着せてもらい、げっぷを出し、よろめいておでこをぶっつけるまでの行事は、寸分の狂いもなく毎日行なわれるのを、僕は、一夏見ている。

「伯母さん、伯父さんが飲んだ水、あれなーに」と聞いたら、「強いお酒なんだそうで

す。あれを一杯、飲むと大変元気が出るんだそうですね。もっとも従兵（水兵）がおっしゃるには、大佐は車に乗られると、すぐに眠ってしまうということでした。たしか、うおづかとかいうお酒で、宇王通火とでも書くのでしょうか」と伯母。

僕の知った、最初のウォッカという酒の名前だった。

小粋な酒

「粋」に感じる酒だと思っている。

僕には「粋」の定義が、はっきりしていないが辞書に依れば、いさぎよい気立て、さっぱりとあか抜けした色っぽさ、異性との交渉に、つやっぽくて、どことなく張りがある、とある。「粋」がこれっぽっちの説明で言い切れるものでないことは解っているけれど、いさぎよい気立て、さっぱりあか抜けした色気、どことなしにつやっぽくて張りがあるというのを手の平に載せて掻き混ぜてみると、咽喉元まで出かかって出て来ない知人の名前のようにして浮いて来る。咽喉元に引っかかっていても出て来てくれないから焦燥に駆られるけれど思いは明らかだ。

ベルモットだけが「粋」な酒だと定めてしまうのは早計かも知れないが、僕はそう思いこんでいるのだからしようがない。

「粋」は粋でも「小粋」な奴と思いこんでいる。

粋だけで済ましておいてもいいのだが、わざわざ「小」を付けた粋にしたわけは僕自身、これだと説明し難い。例えば軍隊のある国だったら陸・海軍の軍人に階級があって大佐の上が少将、中将、大将となる。大佐は戦艦の艦長か連隊長クラスのベテラン。だがその上の少将となるとベテラン＋エリートということになるしそれ以上は大ベテランエリートで大艦隊や大軍団を率いるのだが、少将はそれほど偉くないから、責任も中将、大将ほど重くはないし、頭も軽快に働かせることは出来るし、部下との人間的なつき合いも近いし、まだまだ若い。大佐とはひと味違った階段の上にいるし、中将、大将とはひと味違った新鮮さがある。といった意味とも良く似て、粋の上に「小」をつけて更に「粋さ」の襞《ひだ》を深く感じている。

ベルモットの出生の由来は知らないが、ハーブ・スパイスの香りと丸い、だが小ざっぱりした甘み、一〇パーセントしか入ってないというアルコールのほのかな刺激、これが渾然として「粋」を窺わせるのじゃないかと思う。

ハーブ・スパイス入りの酒と言ったらベルモットでなくて粋なのがあるはずだが、服飾のファッションにしてもフランスモードの粋とは違ってイタリーモードには「小」をつけたくなる粋さがあるのと同じに、イタリーで出来た酒というだけで僕はそんな思いになる。

僕のおやじは洋画家だった。東京は神田の生まれ下谷育ちの江戸っ子だった。江戸っ子だから、そうだとは言えないが、事に拘わるところはあっても、潔よかったし、いや味がない張りのある気性を持っていた。女性問題などは聞いたことも見たこともなかったが、おふくろの姉たちに言わせれば、さっぱりした色気があったということだ。女性問題がなかったのは、心にあってもおふくろが怖くて手足が出なかったのかなと思えるほど鼻柱は強いくせに気の小さな、言い換えれば繊細に琴線が忽ち震えてしまうというところがあったとも言える。逆説的には律儀と言えるのかも知れない。だから、ひたむきな絵描きになれたのだろうと思う。俳優をやっている倅にとっては羨ましい限りの性格だ。

ベルモットは、このおやじの江戸っ子的神経に良く似ている気がしてならない。

おやじは日本酒が大好きで晩酌を欠かしたことがなかったようだ。だが泥酔をした姿を見せたことがない。だからと言って強い方ではなかったから自分に合ったほどほどの量で飲んでいたのだろう。そのほどほどの合間に足の付いている、さほど大きくないワインカップに紅《くれない》のかかった飴色の酒を注いでは飲んでいた。三日に一度は飲んでいた記憶がある。

「お父さん、奇麗なお酒だね」と僕。

中学校へ入った頃だと思う。お膳を挟んで、ちびりと嘗めているおやじに聞いたら「うん、こいつは、ちんざの、だ」と言う。

「ちんざ、の、何?」と重ねて聞いたら、おふくろが「良ちゃん、ばかね。ちんざ、じゃないの。チンザノってお酒のことよ」と言った。

「ばかだな、お前も、チンザノなんて酒なんかあるものか。こらあベルモットってんだ。甘口で女が飲む酒だが、イタリーじゃ、みんなこの酒を、めし前に飲むんだそうだ。だから男と女は、早いとこ出来ちまう。ベルモットってのはそういう酒だ。粋な酒だな」

「何が、早いとこ出来ちまうの」と言ったら、おふくろが「あなた、子供の前よ。下品なこと言わないで下さいな」と言った。

おやじが湯豆腐をつつきながら、女が飲む酒を嘗めている図は到底、粋とは思えなかったが、江戸っ子のおやじが粋だ、と言っているのだから粋な酒なんだろうと思った。

僕がベルモットを小粋な酒だと断じてはいるが、断じる元栓はこの辺りにあって主体がない、と言えば言えて、些か情けない。

だがベルモットには爽やかな色気があることは確かだ。瓶のラベルにVERMOUTHと書かれてあるが英語式にバームースと読むと、まるで風呂に十日間も入らなかった田舎の若い女のような酒に思えるのも不思議なことだ。

僕はベルモットを小粋な酒として愛している。

金色の噴射

僕はビールが理屈なく好きだ。だが飲んで至福の思いをするのはコップ二杯が限度だと思っている。大瓶一ダース、大ジョッキ十杯飲んだなんてのは溺死を楽しむような飲み方で、溺死する奴が水の味を味わうことはないわけだ。ただ、がばがば飲めやいいってもんじゃない。

昭和十一年頃、立教大学予科生、十九歳の時。事変、事変と続き世の中はすっかり軍国主義のいやな臭いで覆われ、学生には軍事教練という、いつ兵隊になっても差し支えのない訓練が必須科目になっていた。

夏も近い日。予科生全員、富士山の裾野で三泊四日の野外訓練が行なわれることになった。

配属将校の手で、軍から貸与されている陸軍三八式歩兵銃一式を渡され、ひとまず各々が自分の家に持ち帰ることになった。

僕の家は大森にあった。同じ方向に帰る級友が二人いて彼等が「銀座に飲みに行こうよ。大体さ、親の仇を討つってならまだ解るけど、得体の知れない戦争のためにさ、暗闇に引っぱり出されるようにして弾丸《たま》の的になるってのはいやだよね。飲んで帰らなきゃ、銃なんて持って歩けねえよ。馬鹿々々しくてさ」と言う。「それもそうだ」と忽ち同意。

銃をぶら下げた三人は銀座に出た。銀座通りを歩いたら鉄砲をぶら下げている学生の姿は顰蹙《ひんしゅく》を買う以外の何ものでもなかった。

八丁目近く、東銀座側のビヤホールに勇を鼓して飛びこむ。受付に銃と一式を預けたが、昼間だというのに大変な混みよう。

テーブルにつき「ビール」とウエイトレスの女の子に注文したら「ばかね、ここビヤホールよ。ビールしかないわよ。ね、大、中、小ジョッキ。どれにするの?」と言う。美人とはほど遠く塩豆みたいな顔の娘に「ばかね」と言われ、いささかむっとし、「大ジョッキ三つ。それと君みたいな豆、くれよ」と指三本出したら「大ジョッキ三つと、そら豆ね」と言ってから「あたし、よくそら豆って言われんの。そら豆みたいな女の子は福を呼ぶんですってよ。一緒に寝ると男のひとが、とっても満足するんですってよ」と言った。間もなく「そら豆」が泡の盛り上がる大ジョッキを運んで来てくれた。では乾杯と牧師志望の奴が言ったので、ともあれ、と泡に鼻先を突っこんで、ぐーいと飲んだら隣りの席にいた、かなり酔いの入っている職人さんが「学生さんよ。こんな御時世に昼間っから飲むってえの、いい度胸だ。俺あ、感心したね。俺、おごるから、もう一杯、いきなよ」と言う。「いいんです」と三人、異口同音に礼儀正しくお断りしたが、三人合わせても五十銭しかなかったから有り難くお受けすることにした。

おごると言われて、その気になったのは実に貧相な心だったと後日恥じてはいる。

「俺の伜が兵隊に採られてよ。上海から、この度上等兵に進級しました、なんて手紙を寄こしやがったけどよ。上等兵になろうが大将になろうが弾《たま》丸に当たっちまえば、はい、それまでよだ。学生さんは兵隊に採られねぇんだろ。いいね。ま、しっかり飲みなよ」と呂律の回らない舌で言う。三人は、何とはなしに気が沈み、お互いに口を利かなくなってしまったが御馳走をして貰った分を含めて、それぞれ四杯のお代わりをした。これほど大量に飲むのも初めてだったし、で四杯目の半分まで来たところで目の焦点が合わなくなってしまった。

「帰ろ」と経済学部志望の奴が、ぼそっと言うから抜けそうな腰を押さえて立ち上がり表に出た。預けた銃を忘れなかったのは誉められていいことだったが、御馳走してくれた職人のおじさんにお礼を言わなかったのは迂闊《うかつ》なことで、今にしても悔やんでいる。

二人と別れ、省電（ＪＲ）有楽町駅から桜木町行きの電車に乗る。次は新橋。発車して二分も経たない内に車内の混雑とかんかん照りの西日に誘われてかビールが咽喉までこみ上げて来て、胸が悪くなり、もどしたくなった。

車内でもどすなんて学生にあるまじき行為であると、我が手で我が首根っ子を締めて我慢を重ねた。七分後新橋駅に着く。我慢は破裂に及びそうだ。ドアーが開くや、銃を引きずりプラットフォームに飛び出した。ビールが固く閉じる唇を割って凄まじい勢いで噴射した。

止めようにも止めようがない。棒立ちになったままビールが勝手に噴射するに任せた。迸《ほとばし》るビールは落ちかける太陽に反射して酔眼にも金色に輝くのが見えた。

浜松町、田町、品川、大井町と各駅で、銃を引きずっては、慌ててプラットフォームに飛び降りた。都合五回の噴射は、その度に金色に、遠く、長く走ってベンチを、しとどと濡らした。大森駅を蒟蒻《こんにゃく》の義足を付けたようになって降りたときには、噴射したい気持ちだけで、最早ビールは出ず、胃袋を押さえれば、げぼっといやな音がプラットフォームの風のない空気に混じり、消えて行った。

駅の木製の階段を一歩上がっては二歩戻りして昇って行ったら、引きずる銃ががしゃり、どすんと響き、耳を打つ。何ともはっきりしないまま、自己嫌悪に陥った。

ビールも、ただ、がばがば飲めばいいってもんじゃないことを知ったのはこの時だ。

一水流師範

大学部一年になった夏休み、母校・明治学院中学部の水泳部助手として、千葉県那古海岸の合宿に行った。助手を務めて三回目。

八月も半ばになった頃、松沢・牧野・黒田師範に依る「古式日本水泳・一水流」の模範水泳が行なわれた。

漢文の先生である羽田部長以下中学部生徒八十人が桟橋の上から見学する。

僕は助手だから模範水泳は出来ない。生徒と一緒になって観ていたら、突然、松沢師範が水の中から「最後に、非常に危険ではあるが、古式日本水泳・一水流には欠かせない飛び込みを見せる。おーい、池部」と僕を呼び「直下《ちょっか》飛び、逆下《ぎゃっか》飛びをやりなさい」とどなった。

「え？」と驚いたのは僕。

決して飛び込みが嫌いではなかったが、「直下」・「逆下」となると、弁慶や鍾馗《しょうき》様でも尻込みしてしまうほどの飛び込みだから驚いた。

日本水泳は、その昔、甲冑《かっちゅう》を身につけた武士が、必要に迫られて発明・工夫した泳法だから、早い遅いは問題外、確《しっか》り泳ぎ、確り潜り、確り飛び込めばいい。それが歴史を重ねて究極の「型」が出来たものだと聞いている。

「池部助手の直下飛び、逆下飛びに注目。池部君、櫓《やぐら》（飛び込み台のこと）に行き給え」

と松沢師範が立ち泳ぎしながら、又、どなった。

「直下は、身体を一本の棒のようにして、足先から飛び込む。これは水面に接した際、水飛沫を極力少なくして飛び込む。敵に追われて、高い処から飛び込むが、水飛沫が少々だから、敵に発見される確率が低い。そういう飛び込み方だ。逆下飛び込みは、蛙が坐っているような形を作り、水面に対して、身体を平行させて飛び込む。つまり、顔面、胸、腹、太腿の内側を真っ平にして水面に叩きつけるのが骨《こつ》である。即ち、どんな高いところからでも、深く沈まない飛び込み方だが、要するに敵に追われ崖っ縁に来た。見れば下に川が流れている。だが水深は浅い。下手に飛び込めば頭蓋骨を粉砕するか、首の骨を折るかして即死が考えられる。そのときに、この逆下飛び込みを用いるわけだ」

ずらりと並んだ生徒達は、松沢師範の説明を理解したのか、しないのか、櫓に辿り着く僕を見ていた。松沢師範は、桟橋の橋杭の間を抜け、僕の足元に続いて櫓に登って来た。

僕が櫓の上に立ったら、丁度、干潮が止まった頃だったのか、水面まで十メートルはあるかのように見えた。この海岸は急に深くなっているから、水深に難はないけれど、水面から櫓の飛び込み台までの高さ、プラス、自分の目の高さがあったから、やたらに高く思えて恐怖が募った。黒い、いやな塊が胸いっぱいに広がり、膝頭が小刻みに震えた。

松沢師範は、僕を背にして生徒達に、

「本来、我々師範が模範を示すのが当然であるが、この飛び込みは、先程も言ったように大変、危険な業である。直下は首の骨を折ることは、万が一にもないが、その代わり、鼻の穴に、凄まじい勢いで水が突っこんで来て、目の裏と鼻の奥の天井との間に衝撃を与え、脳の機能に障害を起こす。仮に、だ。我々師範が模範を示し、仮に失敗したら、どうなると思うか。我々師範が軽くて脳障害を来し、重くて死んでしまうことになれば、だ」

松沢師範の訓辞とも説明ともつかない演説を聞いている内に、いやな感じは消え、「死」への絶望感に襲われた。

「となれば、後日、わが明治学院水泳部に於ける古式日本水泳・一水流を誰が教えることになるか。池部助手は一水流泳法に於て、今ひとつ完成されていないが、事、この飛び込み法には、まこと、目を瞠《みは》るものがある。直下並びに逆下飛び込みは、一水流の神髄であるからして、よーく見ておくように」と言った。

目を瞠る、と言われても、去年の夏、桟橋の上から、こういう型であると教えられ、それぞれを一回飛び込んだだけだったし、そのときの水面までの高さが一メートルちょっとだったから「あっ」と言う間に終わってしまい、神髄であるはずの業を会得するまでには至っていない。

「始め」、と松沢師範が、小柄だが精悍な身体と顔を引き締めて、僕に号令を掛けた。

僕は、跳び台の縁に、地震計の針みたいに震えている膝頭で寄って行き、十本の揃えた指の内側で、縁を摑《つか》んだ。

小学校のとき、大森海岸の海水浴場で、海中に立っている櫓から「おーい、スワローやるぞ、見てろ」と大声を出し、歯を剝き出して笑った何処かのお兄いちゃんが、やっと気合いを掛けて飛び込んだ。いつまで経っても浮いて来ない。大勢の大人が潜って捜したら、底の「へどろ」に頭を突っこんで死んでいたんだそうだ。その光景が閃いた。僕の弟の友人が、やはり同じ海水浴場で、二メートルの台から飛び込んだのはいいが、泡食って水面に出ようとして、背骨に水圧がかかったのか、反り返った形で折ってしまい、永い間、背骨傷害で不自由な身体をしていたのを知っている。

折れた瞬間の光景も浮かんで来た。

飛び込みは、大体、目の高さの遥か向こうを見、高さをインプットし、そのインプットの中で、飛び込む型をイメージすればいい。これが基本の心構えだが、高さは倍の高さにインプットされ、イメージは溶き卵のように型にならない。

頭蓋骨骨折、腹の皮の炸裂、脳障害、棺桶、そんな言葉が、次々と現われる。

ええい、ままよ、である。

「直下、やりまーす」と空元気な声を張り上げて飛び込んだ。

滞空時間は、永いとも思わなかったし、落ちる怖ろしさも、まあまあだったが、水面に足を突っ込んでからがいけなかった。

忽ちにして、ずぼっと潜り、ひどい勢いで海水が鼻の穴に突進して来た。つんつんと、何んともやり切れない衝撃的刺激を受け、世の中が真っ暗になる思いになった。思考力、ゼロ。踠《もが》きに踠いて水の上に顔を出したら、桟橋の生徒から、疎らな拍手があった。

ただ、棒となって足から落ち行く飛び込みだから、うまいのか、うまくないのか解らなかったに違いない。クロールで泳いで櫓に取りつき、梯子《はしご》を登った。

飛び込み台に立つ。目の上にまで、ずれた水泳帽を被《かぶ》り直し、

「次、逆下をやりまーす」と悲鳴に似た声を出し、両足を開き、指先で台の縁を掴み、腰を落として両腕を水平に開き、二の腕を曲げた。

横綱の土俵入りで、柏手を打つ前の型に良く似ているし、標本になった蛙の姿にも似ている。見栄えのする格好じゃない。

足を蹴った。身体を水面と平行になるように、そのまま、落下して行く。水面に来たなと思う瞬間、両手の平で水を叩く。少しでも沈まないようにするためだ。

着水。痛ぇの痛くねぇの、である。顔、胸、腹、太腿の内側を、いやってほどに、ひっぱたかれた。失神、寸前。

あまり沈まないから、すぐに浮いて来て、桟橋に目が行ったら、生徒が盛大な拍手をしてくれ、盛んに口を開けたり閉じたりしている。だが、何も聞こえない。白々しい世の中に見えた。クロールなんて、とてもそんな粋な泳ぎは出来ない。平泳ぎで、十五メートル先の汀に向かって泳いだ。汀に着いたから、立ち上がったら、三半規管を壊したのだろう

か、真っすぐに歩いているつもりなのに、右、左と蹌踉《よろめ》く。生徒の高学年生が、僕を両側から支えてくれた。

　翌日、思いがけないことが起きた。

　池部助手を師範に推挙、一水流免許状を授与する、ということになり水泳部長の漢文の羽田先生を始め生徒八十人が、夕方、大広間に集まってくれた。松沢師範が、免状を授けた理由を説明。

「理由は来年、牧野・黒田の両師範は、軍隊に入営することが決定しており、私・松沢も、いつ召集令状が来るか、解らん状態にある。来年以降、三人の師範が居ないことになれば、わが明治学院水泳部はどうなるか、一水流の継承者はどうなるのか。これが問題だ。そこで、まだ年も若いし、一水流水泳術も未熟ではあるが、逆下飛び込みをやってのけ、無謀とも言える豪胆さを示したことは指導者として、もっともであると師範一同、意見が一致したのが、大きな理由である」と言った。

　式を終え、夕食になり、学校の先生方、師範三人、二階に集合。僕を床の間に据えて、ビール、日本酒、取り混ぜ、大いに飲み始めた。

「池部君、おめでとう。君が主役だ。ぐんと飲み給え、と言いたいが、顔は腫れてる、腹には絆創膏。そんな傷んだ身体で酒を飲んでは毒だ。残念だろうが、お茶か、サイダーでも飲んでいなさい。大事な身体だ」と言った白髪頭、半白の口髭を蓄えた羽田部長先生が、僕の耳に口を当てた。「今日は、君が師範になったお祝いだから公然と、已むを得ず飲むんだが、先生、みなさん、クリスチャンだというのに、よく飲む、最早、相当な量に及んどる。こんなに飲んだんでは教頭先生に、報告のしようがない。そこでじゃ。君が逆下とやら、乱暴な飛び込みをやって大怪我をしたから入院したということにして、学校から、君への御見舞いの名目で、酒代の費用を報告することにしたい」と言う。

「先生、僕が入院するのはいいですが、病気見舞いに、そんな沢山のお酒を持って行くもんですかね」と言ったら、

「牧野君や黒田君が、師範になったときも、二人に入院してもらった。

えんじゃくいずくんぞこうこくのこころざしをしらんや（燕雀安知鴻鵠之志。小人物には大人物の遠大な心持ちが解らない、の意味）というのが『十八史略』にある」と言った。

どう解釈していいのか、羽田先生のお言葉に首を傾《かし》げたら痛みが激しくなるような気がした。七人の先生、師範が、羽田先生の音頭で、『東京音頭』を唄い出した。

Mr.クレイトンのジン

ジンとの交際《つきあ》いは戦前に始まる。

立教大学も予科から大学部英米文学科に進んだ昭和十三年と言えば、英米との戦端も聞きかねないというきな臭い匂いが、かすかながら飛びはじめていて、英語なぞは特に敵性外国語である、使用するは不可。そんなお達しが迫って来ていたから、到底、英米の言葉で綴る文学にいそしむ、非国民的な行為は許される雲行きではなかった。だが、今でも、畏敬する英米文学科長、杉田彬先生が、

「池部君、英米との戦争も、何年としない内にあると思いますよ。とすれば敵の言葉や文学を勉強して敵国を知るのも悪くないと思いますよ」とおっしゃった。この一言は利いた。このお言葉に触発され、先生が言われること間違いはあるまいと確信、英語を勉強す

る気になった。

その頃、既に英国から英語の教師として、ジェームズ・クレイトン（仮名）といわれる、まだ三十五、六、独身男性の先生が教鞭をとっておられた。大学構内、西洋館の校宅に住んでいた。直接、教わってはいたが、クレイトン先生の校宅に、しげしげと出入りするようになった最初の機会は覚えていない。

特に用事があったわけではなし、個人的に教えを受けるわけでもないのに三日に一度は朝九時にドアーのベルを押し、先生が作ってくれるサンドウィッチを昼食にしては、夜七時になるとGood-Byeを言う。

一年半も続いた。Mr.クレイトンは、ドアーを開けてくれ、空いた手には、いつもオールドファッションドグラスの底が握られていた。

Morningと挨拶してくれる顔は、いつも難しい表情をしていた。小柄で禿げ上がっていたから難しい表情を、更に難しく見せていた。その難しさに、もう一つ難しさを増す役目をしたのが、ドアーを後ろ手に閉め、顎を突き出してオールドファッションドグラスに沈む、たたずまいのいい透明な液体を飲む、というよりは、嘗めてから歩き出すときだった。

「Mr.クレイトン、その液体は何か？」と聞いたことがある。「ジンである」と言われた。「英国人のあなたが、何故、ウイスキーを飲まざるや」と質問したら、「英国の、頭脳に勝る紳士は、朝、早くよりジンを愛飲するのを常としている」と言う。嘘か、ほんとかは聞きただせなかったが、ジンなる酒を、ああして飲むと、如何にもsmartだ。これこそ西洋のインテリの飲む酒だと思いこんだ。

Mr.クレイトンを訪ねる日も、一年を越えた頃、ドアーを開ける度に、ちびっと嘗める難しい顔に憧れの目を向けるようになり、ついに堪らずの感があって、貯めた小遣いでGORDONのGINを、ひと瓶買った。

まだ、おふくろも手伝いの娘も起きて来ない暗い廊下を寝巻きのまま、買ったジンの瓶を抱え、茶碗を懐中に忍ばせ、抜き足差し足で、おやじ専用の応接間に入った。カーテンが閉められているから暗い。開けたら夏間近の陽光がステンレスの刃ものみたいに飛び込んで来た。

Mr.クレイトンのようにsmartになれるかな、インテリに見えるかな、と思ったりして瓶を鷲づかみにしてから、キャップを捻り透明の液体を茶碗に注いだ。

多からず、少なからず、これが問題だ。と独り言を言って注いだ。おやじもおふくろも誰も起きて来ない。森閑とした我が家の早い朝にジンを嘗める最高の悦楽を迎えた。

雀がうるさかったから、「うるせえなっ」とつぶやいたら、嘗めるはずのが、ぐびっと飲んでしまった。ドアーが開いた。

「良、何してやがんだ。朝っぱらから。泥棒じゃねぇかと思って起きてきたんだ。おっ？ジンなんか飲みやがって」とおやじがMr.クレイトンを上回った難しい顔をして立っていた。

おやじに一発、食らい、金時の火事見舞いのように目まで真っ赤になって、ぶっ倒れてしまった。

Mr.クレイトンは、それから間もなく、何んの前触れもなく帰国している。空家になった室を訪ねたら、おびただしい、ジンばかりではない酒の瓶が筑波山ほどにあった。

電気ブラン

好んで酒を飲んだような、飲まされたような、妙な時期が二年続いた。

立教大学英米文学科を卒業する前の二年間、大学部二年生、三年生の頃。

鬼畜米英、敵性外国語廃止、軍事教練の必須科目化、国民徴用令、第二次世界大戦勃発、白米使用禁止等々、対英米への戦時色が濃くなって、とても、おおらかに自由を謳歌出来る世間ではなくなって来たにも拘わらず、まだまだ、不敗の横綱双葉山・敗れるとか川上哲治選手・首位打者になる、とかでマスコミは大騒ぎをする余裕があるかにみえた。

余裕であったのか、どうかは解らない。引いては打ち寄せる波に、何んとか岩にしがみついている「宿借り」みたいなものだった。

こんな状態の中で、よくも許されていたと思われる外国映画、殊にアメリカ映画が、続々と封切られたから、少ない小遣いをやり繰りして映画館に通った。一本の映画を三度、五度と観に行った。

スクリーンを見つめているとアメリカ人の映画作りの、語り方のうまさに引きこまれ、日本人を忘れてしまい、映画館を出て、現実の世間の空気を納得して吸いこむまでに、かなりの時間がかかった。ほんとうに、米英と戦端を開くとは思えなかったから、万が一にも、彼等とそうなったら、日本人の理不尽な直線的ものの考え方で、勝てるんだろうかと、内心の何処かで不審に思えた。

一方、アメリカ映画を観て、アメリカ人のものの考え方に心酔しても、俺は日本人なんだという頑《かたく》なさを持っていたから、ジレンマというほど大袈裟《おおげさ》ではなかったが、確かに狭い溝に足を突っこんで、簡単に引き抜けない、いらいらは感じていた。

昭和十四年の何月だったのか。

松竹映画『暖流』を観に行った。新進・吉村公三郎監督の作品だった。

後に先輩になる男優・女優さんも、活き活きとして、とてもよかったが、演出にはすっかり惚れてしまった。きびきびした合理的なモンタージュ、人の心を裏返したり、表にしたりして、さりげなく観客に伝え、訴える術は美事で、頬に鮫肌が立つほどに感激し興奮した。

『暖流』を観終わった瞬間、映画監督こそ、わが人生であると胸を叩き、監督になることの「決定」を自分に確認し、自分に宣言した。

その日、確認・宣言のお祝いだ、と酒を飲んだか否かは忘れている。

独りで祝盃を上げ、大声を出して「やるぞ」なんて、どなるほど野暮な人間じゃない、江戸っ子のおやじを持つ、東京生まれの男は、静かに沈潜して、事の重大さを噛みしめなきゃあいけないんだ、と思っていたから、飲みに行き、興奮を露《あらわ》にするようなことは無かったと記憶している。

その夏近く、東宝映画で、シナリオライター研究所の研究生数名募集、とあるのを知った。研究所を卒業すれば、東宝映画に入社出来、演出部・文芸部・文化映画・企画部、好みの部に行ける、ともあった。

おやじに話せば「ばかやろ、蟷螂《とうろう》の斧だ」と言われるに違いないと思ったから、黙って受験した。

後日、聞いた話では、応募者が四百人もいたということだったから、ともあれ、合格し研究生に採用されたのは映画監督への花道の端っこを踏んだも同然と、大いに驚き、大いに悦んだ。この悦びは、如何に東京生まれの男でも、地味に秘かに心の内に収めておくのは、もったいないと思い、素直に、おやじに「研究生に採用されたよ。卒業して会社に入れば助監督になって、早けりゃ五年後には、監督にさせてもらえると思う」と報告した。「そうか、そらあ、目出度いこった。今晩、初めての親子差し向かいで、一杯やるか」とおやじが言うだろうと期待して、おやじの口元を見ていたら、

「映画監督なんて、道楽者がやるもんだ、って聞いてる。俺は、お前を道楽者に育てたつもりはねぇが、ま、やりたきゃ、やれ。俺は道楽者なんかに、鐚《びた》一文も出さねぇぞ」と言う。描いていた親子差し向かいの祝い酒は、一瞬も保たない幻となって消えた。

講義は、秋口から始まった。研究所の教室は、銀座七丁目辺りにあった東宝映画株式会社の本社に置かれ、一週の内、三、四日講義が行なわれ、数時間、机を前にしていなければならなかった。先生方は錚々《そうそう》たる脚本家・監督・映画評論家・大学の心理学教授が来て下さった。シナリオが、こうも論理的・理論的・心理学的に構築されるものとは思ってもいなかったから、びっくりが先立って、中々頭に入ってくれないのが口惜しかった。

研究所の主事には、児井英夫さんと言われる方が当たった。戦後、日活にいて、石原裕次郎君の、ほとんどの出演作品を手掛け、勲章まで授けられた方だが、先年、他界されて

いる。毎月三本の練習シナリオを書かされた。三本というノルマは、苛酷と言えるほどに、きつかった。ノルマが達成出来ないのは、自分の能力にもあることだから、とにかく、むきになって書き上げ、児井主事に提出したけれど、一度もお誉めの言葉も、貶《けな》しの言葉も頂いたことがない。

「池部さん」と児井主事は、僕をそう呼ぶ。主事でもあるし、年も、ひと回りは違うんだし、相手は、たかが研究生なんだから、池部、とか池部君とかで呼んでくれりゃいいのに「さん」づけは、何んとも気色が悪かった。

「最近は、原稿用紙も払底しかけています。そのつもりで書いて下さい」、「もし、ノルマが一本でも欠ければ、御希望の演出部には行けないと思って下さい」、「全て、あたしの一存で決まります」なんてことを言う。児井主事が、何を要求しているのか、見当がつかなかったから、重症には至らなかったが、神経衰弱にかかってしまった。同期生の一人、唯我独尊的な奴だったが、仲の良かった斉藤満君に、「児井さんに、こう言われたけど、どういう意味かな。ただ苛められているとしか思えないよ」と洩らしたら「多分、君が、坊っちゃん、坊っちゃんしてるから、逆説的に発破をかけてんじゃねぇかな。俺は、芸者の置き屋の伜だから、児井さんを、家へお呼びするんだ。酒も飲めないのに、遊んで行くよ。だからかどうか知らないが、俺、言われたことがないな」と言った。

満ちゃんの、この返事は、世間知らずの「ねんね」の僕に、彼らしい曲折した喩えで、何かの信号を出してくれたのかも知れないが、僕には信号の解釈が出来ず、児井主事の言葉に裏があるとは思いたくなかった。児井主事は、映画監督もやった方だから、わざと、もって回ったような言い方で、僕自身が、駄目な部分・弱い部分に気付くように仕向けたいという、実は温かい心に依ることだろうと思った。

翌年、夏も過ぎ、秋に入った頃、大学の卒論は書き上げられず、軍事教練の出席時間も不足しているしで、杉田教授から、卒業出来ないかも知れないよと言い渡された直後、研究生一同の間に、児井主事から「出席時間が足りなかったり、ノルマの脚本数が規定に満たないと研究所の卒業は愚か、希望する部へ入社は出来ませんよ」と言われるし、みんな一緒に、その場にいないと何を言われるか解んねぇから、みんなで、金を出し合って家一軒借りて統一行動しようじゃないか、という声が上がった。忽ち賛成多数で、誰が捜して来たのか神谷町に、元店屋だったという木造二階建ての、よくぞ保ち堪えていると思われる、ぼろ屋を借りた。

十一人の研究生の内七人が、そこを同病相憐れむ小羊達の棲処《すみか》とすることにした。

小羊達は、同病相憐れんでも、お互い鎬《しのぎ》を削る敵だったから、仲良くなれるはずがない。鍋釜を買いこみ、当番を定めて、夕めしを作るのだが、余程、周りからせかさないと作らない。作っても菜っ葉・大根を入れた味噌汁だけ。御飯は、前の食堂から買って来る。それも統制・配給に引っかかって思うようにはならなかった。一度作ったものが残っても、捨てるのはもったいないし、面倒だというので、そのまま「放置」して研究所や、大学に出かける。帰って来て、そのめしを食べようとすると、野良猫が土足で鍋の中に入りこんで食っているから、猫を追っ払い、足跡のついていないところを、そっと掬《すく》い取って食べる。我々の神経は極度に荒れ始めた。荒れの原因を児井主事に負わせていいわけでもない。翌十六年には徴兵延期願いが解除され、徴兵検査を受ける身で、検査も合格となれば、近い日、必然的に軍隊に入隊、生死のほどは保証されないことになる。これも荒れの原因のエレメントだったようだ。

近所の「かみやバー」に同病相憐れむ、敵同士が、連れ立って酒を飲みに行く。僕も、飲めもしないくせに「荒れ」にはシンクロしていたから、彼等と肩を組み、高歌放吟しては飲みに行った。研究所から頂く手当・金三十円ではとても、いい酒を飲むわけにはいかなかったし、統制・配給のお蔭で上等な酒はありもしなかったから、「かみやバー」の特製酒「電気ブラン」を咽喉に落とした。これは安いし、アルコール分が強かったから、小羊達にはもって来いの酒でもあった。

そんな代物だから、飲めば、即、意識朦朧・大泥酔となる。泥酔の果て、近所の看板・表札・郵便ポストを担いで来ちゃ、借家の土間に投げこんだ。一ケ月も経たない内に愛宕警察署に呼ばれ、灸を据えられた。

十六年に入り、全てが瀬戸際に迫ったが、何んとはなしに、クリアし、十一人の敵仲間は、希望の「部」とは外れながらも、それぞれ東宝映画へ入社を許された。そして半数は、軍隊に入ることが約束されてしまっていた。

僕は、文芸部に入れられ、軍隊に採られる組だった。この二年間の酒は、自分から進んで飲んだような気がするし、自分の意志に飲まされたような気がした。

別れ酒、祝い酒

死出の旅の門出に、別れの盃は似つかわしいが、三途の川を渡ろうというのに、祝い酒が出されたのは解せないことだった。

昭和十六年二月、大学を卒業する一ケ月前、母校、大森入新井第二尋常小学校で「徴兵」のための身体検査を受けた。

検査場に入るまでは、大学にいた六年間、文学部だったから特にスポーツをやるでなし、食っちゃ、寝。起きちゃ飲むに近い毎日で、筋肉マンとは、ほど遠く、到底兵隊に採用される体格ではなかったから、第一線で縦横無尽に働ける「兵隊」に採られはしないという自信があった。

聴診器を当てられたり、体重を計ったり、舌を出したり、肛門にガラス棒を突っこまれたりして、最後に、机を前にしている中佐の階級章を付けた主任検査官の前に立った。

中佐は、僕を下から上へと目で舐め回し、「よしっ」と馬鹿でかい声を出して、ぽんと判を押した。声が大きな割りに、中味が空虚な感じがしたから、こりゃ不合格、当分の間、兵隊にならずに済みそうだ、と思い口の中で「有り難え」と言ったら、

「次」と言った中佐は、検査用紙を半分に切り、右半分を、僕に渡した。

受け取って、見て驚いた。

甲、乙、丙、丁の「甲」の字の上に円い朱色の判で「合格」とあった。甲種は、現役兵で、兵隊向きの最上級の身体。

中佐にお辞儀をしたか、しなかったのかの覚えがない。

検査場になっている小学校から、馬込《まごめ》の方へ歩いて十五分のところに、我が家がある。

二月だから寒いに決まっているが、ひどく寒かったのか、それほどでもなかったのかの覚えもない。

覚えているのは、広沢虎造の浪花節、『石松代参』のひと文句が浮かんでは消え、消えては浮かびして、我が家の門まで続いたこと。

〽死出の旅、跨ぐ敷居が三途の川――

いつか、何処かで聞き噛った程度だから、正確な文句ではないが、とにかく、こんなフレーズが鼓動に合わせて脳の周りを執拗にうろついた。

中学、大学をクリスチャン校で過ごして来たのだから「神の御許に近づかん」といった讃美歌が口を突いてもおかしくないのに、虎造の浪花節が湧いて来るとは、俺の精神構造も、あまり高いところには無いんだなと些《いささ》か落胆したけれど、考えてみると「甲種合格、現役入営」を死出の旅と想定しても「神の御許に近づかん」と謳い上げるほど、勇気と悟りを持った悲壮感ではなく、次郎長親分に代参を仰せつけられ、喜び勇んで清水を後にしたが、これが死出の旅とは露知らず、神か仏だけが知っている彼の運命であった、といった人情咄的な、客観性のある甘い悲壮感であったとも言えなくはなかったような気がする。

入隊したら、絶対に死が訪れて来るという保証も確信も、勿論、なかった。だが、時局の荒々しいきな臭さから思えば、兵隊の肩書を付けられた瞬間から、どんな死に方かは解らないが「死」という奴がやって来る可能性と確率は高い、とは思った。

一ケ月後、区役所から葉書が届き、翌「十七年二月一日、午前六時、東部十七部隊（世田谷の駒場にあった）ニ入隊セラレタシ」とあった。その月に、大学を卒業、ひょんなことから島津保次郎監督に、引っぱり出されて俳優になった。映画監督を目指してはいたが「取り敢えず俳優をやっておくれ」と言われる先生の言葉にほだされて、本心は忸怩《じくじ》というか無念さもあったが、死出の旅が決まってしまっている以上、望まれたところに身を置いた方が気が楽だろうという思いがあって、先生の言に従った。「狡猾」と「諦観」と「流れに身を任せるルーズさ」と「頭の中を賑やかにしておきたかったこと」などが胸中を去来したのを記憶している。

昭和十七年一月三十一日。

夜も十時頃だったと思う。東宝映画、島津保次郎監督『緑の大地』の、僕の出番、最後のカットが撮影し終わった。撮影用ライトは消され、常夜灯が灯された。

中国の青年に扮していた僕を、監督、高田稔さん、入江たか子さん、藤田進さん、原節子さん、そして撮影、照明、録音、大道具、小道具さんが囲み、口々に短いが激励の言葉を投げてくれた。その頃、撮影所の若者が目に見えて櫛の歯を折るように、出征して行ったから、送る人達も心が疼《うず》き、大声で「万歳」を唱和することはなかった。

先輩スターがサインして下さった日章旗を畳んで抱え「有り難うございました。行って来ます」とだけ言い残して、第三ステージの表に出た。東宝に俳優として入社して僅か十ケ月、その間、三本の映画に準スターの扱いで出演した撮影所の生活も、二度と味わうことはないのかと思った。監督も、先輩方もスタッフも、裏門まで見送ってくれたが、真っ暗だったから、一人一人の顔を確かめることは出来なかった。三回か四回、振り返ってはお辞儀をし成城学園駅に向かったのが、絵になって脳裡に残っている。

家に着き、台所の戸を開け「ただいま」と居間に上がったら、おやじ、おふくろ、弟が炬燵《こたつ》に入って居ないで、食卓を囲んでいた。僕の坐る場所には、客用の冬座布団が置いてあった。「良、じいさん、待たしてあるから、先に行って来い」とおやじが言う。おふくろが「床屋さんよ」と小さな声で言った。中国人に扮していたから髪の毛は長く、垂らした先は唇で銜《くわ》えられるほどだった。

「切ったら、長いところ、沢山持って来てね」とおふくろが、又、小さな声を出した。

柱時計が一時を打ったとき、冷たく軽くなった丸坊主頭に、毛糸の衿巻きを巻きつけて戻って来た。頭の形が悪いのが気になった。

「世間じゃ、目出度いんだそうだが、ま、何んて言ったら――わからんが、お前が死なねえように、ま、飲もう」と言ったおやじは、徳利を掴《つか》み、「お猪口《ちょこ》を出せ」と言った。

膳の上には、焼いた目刺し、さつま芋のきんとん、缶から出したままの形になっているリビーのコンビーフ、缶の蓋を切ってないオイルサージン、見たこともなかった伊万里焼の徳利が五本あった。

「このお酒、三本はあなたとお父さんの配給の分、とっておいたの。一本は、光ちゃん（弟の名前）が、獣医学校から、飲んでも大丈夫なアルコールを持って来たんですって。もう一本は、お向いの可愛い女学生の朋子さんのお家から」とおふくろが続けようとしたら、

「余計なことあ言うな。今、飲む酒の出どこ、詮索したってしょうがねぇだろ。ま、何んだな。水盃ってのは縁起が良くねぇから、酒にしたんだが。何んて言ったらいいか。つまり門出の盃には違いないが。ま、怪我はしょうがねぇが、弾丸《たま》は除けて、死なねぇようにしろ。ま、飲め」とおやじは辻褄の合わない演説をして、自分の盃を目の前に上げた。

目の前にいるおやじ、おふくろ、弟の顔も、これが見収めかと思ったら涙が滲んだ。

どの程度の量を飲んだのか、少しも酔わないのに、一口流しこむ度に「別れの盃」、「別れの盃」と、胸の中で、自分の声が響いた。

徹夜して、おやじ、おふくろ、弟とまだ暗い井の頭線の駒場駅に下りたら、小雪が降って来た。

東部十七部隊の営門前には、早くも集まった入隊者と見送り人が、塊になっていて「万歳」とか「しっかり御奉公しろよ」とかの声が、黒い虚空で往き交っていた。

「入営者は、直ちに営門を入れ。見送り人はそのまま」。そんなアナウンスがあった。おやじが外套の前を捲《まく》り、ズボンから銀側の懐中時計を取り出し「六時だ。時間通りだな」とつぶやき「死ぬな」と言った。おふくろが「にっぽんに居られるといいわね」と言った。

入営者は二百人は居たようだった。

一通り、身体検査を受け、営庭で連隊長の訓示があった後、それぞれ一組、二十人ほどの「班」に分かれ、下士官に引率されて班室に入った。

赤地に星一つ、二等兵の衿章が付いている綿入れのような厚い、汚い軍服に着替え、真新しい皮の長靴を穿《は》いていたら、

「自分は、班長の増田伍長である。貴様達は、只今より皇軍の兵士、陸軍、輜重兵《しちょうへい》（輸送隊の兵のこと）二等兵である。気をつけーい。

天皇陛下におかせられては、貴様達が甲種合格、現役兵として入営したことに就き、よませおかし（嘉《よみ》しおかせられ、の間違いか）、貴様達の入隊を祝う食事を下しおかれた。直

ちに、自分の指示に従い講堂に集合。終わり」と芋俵のような体格の下士官がどなった。

講堂は班室の後ろにあった。板囲いだけの大きな建物だったが、近所に馬小屋があるのか、生々しい馬糞の臭いが、冷たい空気に乗って入って来た。

長方形に揃えた木机の両側に「新兵」どもは腰かけさせられた。机の上には、どんぶり型をしたアルミニュームの食器に、小豆入りの本ものの赤飯、栗きんとん、かまぼこ、小さい、赤い尾頭つきの焼魚が、層を作って盛られてあった。眼鏡をかけた将校が現われた。

「注目。この食事は、お前達の入隊祝いとして、特に支給するものである。軍隊というところは、常に、かかる上等な食事をしていると思ってはいかん。又、食事前に酒を支給するが、これは部隊長殿の、特別な配慮に依るものである。部隊長殿の配慮は、陛下の御配慮と思い、心して飲むように。終わり」と言って何処かへ行ってしまった。

冷たい日本酒が古年兵の手で、茶碗に注がれた。

僅か、数時間、経ったら、死出の旅への、別れの盃が、天皇陛下が悦んで下さる祝い酒に変わってしまったとはと驚いた。

行く末の不確実性を、早くも経験し心細くなった。新兵達は黙々と茶碗に唇を当てた。

朝鮮の濁酒《どぶろく》

清酒は濁酒の糟《かす》を漉《こ》して精製したもの。

濁酒は糟を漉し取らない酒。

乳白色に濁って、どろどろした酒。

昔だったら箱根山の雲助しか飲まない安い酒。

濁酒の知識は、この程度。だが僕にとっては御恩になり懐かしくもある酒と言えば、第一番に頭に浮かぶ酒でもある。

大学を卒業した翌年、東京、世田谷の陸軍輜重兵《しちょうへい》部隊に初年兵として入った。

一週間、この部隊に置かれ、八日目の朝、品川駅から、ブラインドを降ろした客車に鮨詰めとなって、一路、東海道線を下った。

「班長殿、僕達、何処へ行くんですか」と聞いた奴が「ばか者、行き先は軍事秘密だ。第一、手前のことは、自分って言うんだ。軍人精神が入ってねぇな」とどなられて、泡を吹くほどに殴られた。

三日目の夜、下関に着く。「乗れー」と嗾《けしか》けられて、大きな汽船に乗船。

翌々日の朝、「下船ー」の号令に目を覚まし船倉から這い出たら「二列縦隊、前へ、進め」の声がかかって歩かされた。

空が突き抜けるように高く青かった。刃もののような冷たい風が頬を刺す。朝食は、まだだったから、ひどく腹が空いていた。

四十分歩いたら、太い、幅の広い線路が何十本も敷かれてある駅に到着。

「現在地に於て、二時間、小休止。後、列車により北中国に前進する。尚、小休止間、この位置より三十メートル以上、離れてはいかん」と引率将校の命令があった。

殴られるのを怖れて「ここは何処ですか」と聞く者はいなかった。ふいと見た隣りのプラットフォームに立っている看板に「釜山《ふざん》と書かれてあるのを見た。釜山とは、朝鮮の釜山のことかと驚いた。

何もすることはなかったし、寒いから歩いて暖をとるつもりで、プラットフォームの端を仕切っていた鉄条網の柵まで来たら、「ヘイタイサン、アメ、アルヨ」と白い朝鮮服を着たお婆さんが手招きをして寄って来た。

飴？　腹は空いている、寒かったし、で、お婆さんの誘惑に負け、腹巻きから、おふくろがお守り袋に入れてくれた百円の内、一円札を抜き取って「十銭、おくれ」と言ったら「ジュッセンカ。ヨシ」と言ったお婆さんは目の前にある土造りの家に駆けこんで行った。

班長や将校に、見つからないようにと目配りしていたら、お婆さんが新聞紙に包んだ飴を持って来た。「タイチョウサン、ミツケル、ナグルヨ。ハヤク、カバンシマエ」とお婆さんが言う。「わかった」と言って、一円札を渡そうとしたら「オツリ、ナイヨ」と大声を出した。

そのとき、班長どのの「集まれー」とどなる声が飛んで来た。

お釣りは貰いたし、釣りはなし。まごまごしていれば「何してんだあ」と咎められて、ぶん殴られるに決まっている。

身の去就に困り果て「お婆さん、お釣りは要らないよ」とお婆さんの胸の中に一円札を押しこんで、新聞紙にくるんだ飴を外套の前合わせの間に入れて駆け出そうとしたら、お婆さんに外套の尻を摑《つか》まれた。

「コンナニ、タクサン、オカネ、イラナイ」

「いいんだよ。手を放してくれよ」と僕は、声を詰めて叫んだ。

「ジュッセン、クレ。一円、イラナイヨ」

「とにかく放してくれよ。俺、十銭玉がないんだ。早く、行かないと、俺、殴られるよ」

と言ったら「ヨシ、ワカッタ」と言ったお婆さんは外套を摑んだまま、振り返って、朝鮮語で喚《わめ》いた。喚き終わったと思ったら、十五、六の男の子が両手に余る丼を、捧げるようにして持ち、中味を溢《こぼ》さない用心か、及び腰の摺り足でやって来た。

「コレ、マッコリ、ヨ」とお婆さん。

「アタシ、ヒミツ、ツクル。ミツカル、チョウエキ。コレ、三円分アルヨ。カラダ、アタタカクナルネ。ショネンヘイ、カワイソウ。ハヤク、ノメ」と言った。

「ハヤク、ノメ」にせかされて、丼を鷲づかみにして、ごぼり、ごぼりと飲んだ。

牛乳だとばかり思って、ごぼりと飲んだ液体は酒だった。胃袋が火傷したと思った。

お婆さんは「ハヤク、ノメ。ミンナ、ノメ。コレ、ニッポン、ドブロク、オナジ。コレ、ノム、アタマ、ワルクナル。ワルイコト、ミナ、ワスレル、ヨ」と言った。

やっとのことで飲み干したら、お婆さんは外套から手を放し「ヘイタイサン、ワカイ、ビョウキ、ダメ。シヌ、ダメ」と言ってくれた。

駆けようとしたら、足が縺《もつ》れてしまった。

だが、広々とした暖かい気持ちになり、暖かい身体になったのは嬉しかった。

恩になった、わが人生、最初の濁酒は、朝鮮のどぶろく「マッコリ」だったが、濁酒を飲む機会がある度に、あのチマチョゴリを着たお婆さんと白磁の丼の中の濁った酒が思い出される。

駅長さんブランデーを飲む

ブランデーは洒落た飲み方に相応《ふさわ》しい酒だと言うが、洒落た飲み方に相応しい場面に出会ったことがないから、ブランデーとの縁はあまり近いものとは言えない。

だからブランデーへの想いは不毛だが、印象となれば、僕のささやかな歴史の中に沢山ある。

昭和十七年二月、陸軍の兵隊として北中国に運ばれた。着いたところは北京から四五〇キロ南に下った、師団司令部の所在地「兗州《えんしゅう》」という田舎町。高い幅広い土の城壁に囲まれた貧しげな素朴な町だった。

北中国の冬は冷たく痛かった。

口数の少ないおやじなのに、短い筆書きの便りが毎日のように届いた。検閲が厳しかったからか、死ぬなよとか、五体満足で早く帰って来いとは一行も書かれてなかったが、文外には、そうともとれる手紙だった。

三ケ月が過ぎ、訓練にも馴れては来たが望郷、おふくろやおやじ、友人や撮影への想いは以前にも増して影を濃くしていた。その最中、おやじからの一通に、

「桜井忠温少将の御好意で、兗州駅駅長の鈴木氏を紹介してもらった。俺は軍人が大嫌いだが桜井氏は文人であるところがいい。機会があったら、是非鈴木駅長を訪ねてみろ。訪ねたら近況を詳細に話せ（氏の手紙は無検閲のはず）。鈴木氏は俺にその旨、報告して下さる手はずになっている」とあった。

それから爽やかな陽光の輝く初夏となった。

既に、幹部候補生要員と決まり、階級は伍長になった。金筋《きんすじ》一本に金の星が一つ付く肩章を受けとった日、外出の許可が出た。

おやじの手紙に従って鈴木駅長を訪ねることにした。

燻《くす》んだ赤煉瓦で建てられた駅長官舎のドアーを叩いた。忽ちドアーが中に開く。

僕は開けてくれた人が男性とも女性とも解らずに敬礼をした。立派な敬礼をしている自分に驚いた。

「池部さん、でしょうか。お待ちしていましたよ」と色は日焼けだろうか黒かったが、なごやかな笑みを湛《たた》えた小作りな若い婦人が言う。

壁が板張りになっている八畳の間に通された。厚い鉄製のストーブもあったが空だった。

畳につけた足の感触も半歳ぶりのことだったし、まるで地獄から戻って来たような思いだったから、茫然とし、不覚にも涙が滲《にじ》んで来てしまった。

駅長の鈴木さんは四十を、ちょっと出たぐらいの方。背の低い頑丈な身体。口髭を蓄えたお顔は朴訥《ぼくとつ》、と拝見された。

「実は、御尊父からのお手紙に、あなたはブランデーがお好きだ、とありましたので上海駅にいる同輩の友人のフランス人から、一本、たった一本だけですが、コニアック地方で作られたとかいうブランデーをせしめて来ました。いえ、なに、駅員仲間の伝手《つて》ですから送って来るのはお手のものでした。桜井少将には重々の御世話になっておりましたし、御尊父は御高名な洋画家でいらっしゃるし、この程度でしたら、もてなしということにはなりますまい」

朴訥と拝見された駅長さんは、案外、よくしゃべって下さったから僕の緊張も恐縮も、なし崩しに消えていった。

奥さんは両膝の間に、瓶を挟んで栓を抜いた。「これが、ブランデーちゅ、お酒ですか。いやあ、良い香りがするもんですな」

駅長さんは栓がとれたブランデーの瓶に鼻を近づけた。

天井から下がっている裸電球に蠅が七、八匹ぶつかって来るのを奥さんは片手で追い払いながらガラスコップにブランデーを注いでくれた。

軍隊に入る前まで、それほどの酒飲みじゃなかったしブランデーという酒に馴染みもなかったから、何故、おやじは伜の好物はブランデーだ、などと書いたのか。

強いて考えれば、少しでも文化の香りの高いものに触れさせてやろうという絵描きのおやじらしい親心だったのかな、と思える。

「頂きます。見ず知らずの自分に対しての御心遣い、有り難うございます」

文科出の僕の挨拶にしては固すぎる。

僕はコップを右手で持ち上げ、コップの尻に左の手の平を添えて押し戴き、唇を突き出したら、駅長さんがひと膝、ずずっと出て、

「池部さん。お許し頂ければ、自分と女房に一杯、頂戴させて頂けませんか。なにしろ、

ブランデーなんてフランスのお酒は、聞いたことはございますが、見たのは初めてなもので。こんな戦場に居るわけですから、いつなんどき、とも限りません。あの世の土産に一口だけ。ほんのちょっぴりで結構でございますよ」と言った。

僕は「どうぞ」とは言ったが、それ以上は咽喉の奥に引っかかって出て来なかった。

二キロばかり東の、城壁の辺りからだろうか、走る沢山な砲車と馬の蹄《ひづめ》の音が煙の固まりみたいになって聞こえて来た。

荒野の居酒屋

兗州《えんしゅう》という町は、緯度から言えば、東京、名古屋の北緯三十五、六度の線上にあるから、寒さも、まあまあだと聞いたのは、初年兵教育期間も終わる秋口だった。だが現実は、班長の説明に依れば零下五度になっているとのことだった。素手で金物を摑《つか》めば皮膚に吸いついて剝がれないほどだった。

真っ暗な夜、韓国の釜山《ふざん》から乗りっ放しで来た汽車から降り、不揃いな隊列を組んで、三、四十分歩き、そのまま蔣介石政権下の元女学校だったという煉瓦積みの兵舎に入れられてしまったから、町の様子も中国人の姿も見ていない。

学生時代や撮影所の生活とは百八十度の転換をしてしまった「初年兵」としての毎日は、分秒単位で、肉体だけを動かし、次々と作業へと追いまくられていたから思考、想像、回想、感傷に浸る暇がなかった。

ただ、起床ラッパで目を覚ますと、瞬間、熱は出てねぇか便秘してねぇか、腹が減った、こんな想いだけが電気のスパークのように飛んだ。俺は生きてる、なんて感慨に耽《ふけ》る間はなかった。

到着した翌日からのスケジュールは、六時に起こされ、点呼を受け、準備体操した直後、駆け足で厩《うまや》に直行。馬房の清掃、水与え、飼い葉与え、馬体の手入れ、殊に肛門拭きと馬蹄の掃除は念入りにやらされる。終えたら兵舎に戻り朝食。飯は白米と高粱《コーリャン》が四分六分に入っていたから食べ辛かったが、十日も過ぎたら空腹の余り、目の色を変えて、がっついて一粒の米も高粱も残さないようになった。おかずは味噌汁一杯と沢庵三片ぐらいだったから残すはずがない。

食事時間は十五分。十六分目には演習準備で、まず食器の始末、軍装を整える。訓練は煉瓦建ての厩と城壁の間の千坪以上はある草一本と生えていない馬場兼演習場で行なわれた。

やる事は、駆け足、匍匐《ほふく》前進、手榴弾投げ、射撃姿勢の反復。至極、単純、だが苛酷。

配属された第二中隊は馬で物を運ぶ「輓馬輜重《ばんばしちょう》（馬に依って輸送する）」だったから乗

馬兵として厚い革の長靴を穿いていた。

軍隊用語で長靴を「ちょうか」と言っていたが初年兵に支給された長靴は、とても「ちょうか」などと格好つけて呼べる代物ではない。どぶに漬けた小田原提灯を五十年も倉の中に置き忘れたようなものだったし、足の寸法に合わせて靴を選んでくれたわけではないから、演習場で駆け足させられたり、営門を通るとき正式な「歩調」を取ると、すぽっと脱げて飛んで行く。拾いに行く度に班付上等兵に殴られた。「早く、足を靴に合わせろ」と言う。

午前十一時頃、再び、厩の掃除、水与え、そして昼食。そして午前と同じような訓練が四．五時間続く。夕食前は、朝より確《しっか》りした厩動作。夕食。飯は変わらずだったが、具に何が浮いていたか忘れてしまった味噌汁一椀。さすが夕食、副食物に一品増えて、干鱈《ひだら》、干し鯖《さば》と大根のごった煮。そんなものが出ていたのは記憶している。だから、今、鯖を見ると汗が出る。

ともあれ、脳味噌の次元を動物的にまで引き下げ、入隊した昭和十七年二月一日以前の生活を想い出したり復元してみたいなんて願いは、夢にもならない現実だ、と諦める努力をした。

だが、それにも況《ま》して一抹の不安だったのは、此処は「戦地」そのもので、いつ何ん時、「敵」なる奴の鉄砲の弾丸《たま》を食うか、であった。

こうしたことで、神経も肉体も、ひたすら追いまくられていたから、食欲以外、何んにも考えられなかった。強いて考えたことがあったとすれば、起床したら誰よりも早く便所を占拠するか、出ても出なくても「きんかくし」を跨ぐことだった。糞づまりで死んだら、名誉の戦死とは言ってもらえないと思ったから。四月に入った頃、兗州も春めいて、営庭にある梅や桃の木の花が綻《ほころ》び始めた。

初めて、城壁、西の楼門を出て演習が行なわれた。遠く、広く地平線まで、柳、ポプラが斑に固まって点在していて、黄色い土の埃を浴び、密やかな緑の芽を付けた枝が揺らめくのを見た。微《かす》かだが空気の流れに温もりを感じた。訓練は程度を高め「分隊」行動に入ったが、中味は相変わらず匍匐前進、突撃、敵の目標にならないよう身体を遮蔽する、の繰り返しだった。

冷たい地面に腹ん這いになり、折った両腕の中に騎兵銃を横にして抱え、両肘で身体を引っぱって前進をしていたら、見覚えのある葉を付けた野菜に出会《でくわ》した。教官や助教や助手が、こっちを見ていない隙を盗み、その葉を摑《つか》んで引き抜いた。隣りで這っていた奴が、小声で「そいつあ、大根だぜ」と言う。

十五センチもない情けない大根だったが「大根だ」と教えてくれた奴には「うん」とも返事をせず股の間に挟んでしごいて赤い土を落とし、がぶっと、ひと噛りした。辛くて、甘くて、冷たい汁気があって、あの舌応えは、今でも思い出すことが出来る。

「小休止」と教官江田少尉が命令した。

泡食って、大根を捨てた。見つかれば、ぶん殴られるに決まっている。口の中の大根は、惜しかったから吐き捨てない。静かに、じっくりと噛んで飲みこんだ。

演習の戦闘隊型を解き、大きな窪地に集合した。

「この附近は、のんびりした景色だが情況（敵の出没）が悪い。支給してある実包《じっぽう》（実弾のこと）十発、いつでも装塡出来る心構えで、休んでおれ」と江田少尉の訓示があって隊列を組んだまま尻を地面に下ろした。

僕の背中にあった石に腰かけた江田少尉が「おい、池部、煙草、吸うか」と前們《チエンメン》と言う青い箱の煙草を軍服の胸ポケットから取り出して、僕の肩を突っついた。

「は？」と言って、後ろを振り向き、それと解って煙草を頂戴しようと思ったが、下手に雲の上のような上官から煙草をもらって、すぱすぱやろうものなら、忽ち「手前、十年早ぇんだ」と班長や班付上等兵に、ぶん殴られる。仲間からは「大学出って、馴れ馴れしいもんだ」と恨まれる。何れにしても「ロク」な目に合わないと判ったから「自分は、吸わなくあります」と言って、有り難くお断りした。教官は自身の初年兵時代を思い出して察したものか、そうかとも言わず前門《チエンメン》の箱をポケットに戻した。「俺、慶応義塾なんだ」と江田少尉は脈絡なくぽつりと言い「この三百メートル先に泗水《しすい》って川があるんだ。幅、二十メートルはあるかな。水深は浅い。奇麗な水が、ゆっくりと流れてる。千七百年の昔、曹操、張飛、玄徳だのが、何万という大軍を率いて泗水川を渡り、兗州城を取ったり取られたりしたんだそうだ。今、日本軍の俺達が、その戦場に居るってのも奇妙だが、褪せてセピア色になった写真を見ているような気もするな」とも言った。

「教官殿は慶応でありますか、自分は立教であります」と相槌を打ちたかったが、打たずに黙っていたら、

「あそこに見える、小さな独立家屋、何んだか解るか」と聞き、煙を吐いた。

「わかりません」と答えた。

「軒に杉の葉の束みたいなものが吊るしてある。見当がつかんか」

高い城壁を背景にした一軒家が遠くに見える。日干し煉瓦を積んで造った一軒家が、く

ねって広々とした赤土の野原に、感情もなく立っている。屋根は代赭色《たいしゃいろ》の瓦のようだ。浅い軒の前に大きな柳の樹が、うらぶれた枝を僅かな冷たい風に吹かれて小さく靡《なび》いている。その下に縁台らしいものが置かれ中国の丸い帽子を被った男が、片手に驢馬《ろば》の手綱を握り、何かを飲んでいる様子。

「あれ、杉の葉、じゃないらしいが、居酒屋の印だ」と言う。「はあ」とだけ返事をした。国を出て、まだ二ケ月しか経っていないというのに酒の匂いも味も、居酒屋という処の雰囲気も頭の中から消えてしまっている。

「あの男はローベーション（農夫のこと）らしいが戦争なんか、どこ吹く風みたいにしてチャンチュウを飲んでる。羨ましいよ。

池部、チャンチュウって、どんな酒だか知ってるか。初年兵だ。知るわけあないな」

「どんな酒でありますか」と怖る怖る訊ねた。

「アルコールの度数は、ウォッカより強いらしい。中国の豚肉の炒めたものなんかと飲むと、うまいよ。正式にはパイカル（白乾児）って言うんだが、その昔、李白だの、何んのって中国の詩人が好んで飲んでいたのも、あの酒らしい。池部、お前、有資格者だが幹部候補生になって、将校なんかになるなよ。将校になったら、ああいう、うまい酒が、がばがば飲めんもんな。責任ばかり取らされて、つまらんよ」

　こう言った江田少尉が継ぎ煙草をしようとしたら、

「教官殿、小休止、終わります。突撃動作の訓練を始めたいと思います」と小さな瘤の日溜りに寝ていた班長が、上半身を起こして大声を上げた。

　消えていた酒の匂いや味が、少しばかり頭を擡《もた》げ始めたというのに、忽ち引っこんでしまった。

　ぱっと立ち上がり、服装を直したら、石から腰を放した江田少尉が、

「酒は、後六ケ月したら飲めるようになるさ」と言って歩きかけて、

「池部、気持ちはわかるが、あんな痩せ大根なんか食うなよ。みっともねぇぞ」と言った。

　遠景の、縁台に腰かけている男は、まだ、チャンチュウを飲んでいる。驢馬は尻尾を大きく振っていたが動かない。

「第一分隊は右、第二分隊は中央、第三、第四分隊は左、各個の間隙、三メートル、横に散れ」

　江田少尉が号令をかけた。突然、強い風が吹き、土埃が目に入った。

転属命令

僕は今、中国の天津から南へと走る幹線鉄道が山東省に入り、僅か一時間半ばかりの区間だが、一人で車中の人となっている。

と言っても、時は昭和十八年十二月中旬の遅い午後。

見習士官（将校待遇、下士官の最上級、曹長の階級、幹部候補生だから衿に付けた階級章の脇に、座金と称する金色の星をつけている）に進級。璢県《たくけん》にある師団衛生隊第二中隊への赴任途中。

客車の中は汚れた中国服を纏《まと》った老若男女が通路までもいっぱいだった。スチームの熱さに蒸れて臭いは相当なものだったが、この二年間、毎日、馬と一緒の生活だったたから、馴れた馬の汗、糞、小水の臭いと相殺されてそれほど苦にならなかった。

「退けっ」とどなったわけではないのに、中国人の客は、僕が歩けば通路を開け、席を空けてくれた。日本軍人だから、触らぬ神に祟りなしと思ってのことだろう。

木の三人掛けの椅子を独りで占領してしまった。乗客の中国人の目は決して優しい光を放っていない。窓枠に肘をつき、柄《つか》に白木綿の布を巻いた軍刀を股の間に置き、拳銃はホルダーから、いつでも取り出せるようにと安全弁を外して右肘で押さえた。

窓外は茶褐色の遠い広い枯れた畑の景色が目に貼りつけられたように映った。

彼等に襲われるかも知れない恐怖に胸が悪くなって来た。だが、それも乗って二十分としない内に消えてしまい、代わってえも言われぬ解放感に思いを馳せた。

とにかく初年兵教育・幹部候補生教育・士官学校教育と縛られた二年間から逃れ、やれやれに近い思いの解放感に酔ったのは事実。

二年間、小さな樽に、ごしゃ万と詰めこまれた芋が、無理矢理に太い棒が突っこまれて洗われ、皮は、すり剝け、身を削がれたような教育期間からの解放感だから、単純細胞的ではあるけれど、機械的に扱われて来て、自分の意志が、毎日の暮らしをリードしていなかった苦しさからの解放感だったと言える。

「見習士官さん」と日本語で呼ばれた。

ぎょっとしたら、黒の詰衿の制服制帽、肩から黒皮の拳銃ホルダーを下げた日本人の車掌さんが腰を屈めて「今から、三十二分後到着で、瑺県駅になります。瑺県は小さな城壁のある村で、電灯が少ないですから、現在時、十七時四十八分、真っ暗だと思いますよ。情況の良くないところだそうですから、気をつけて下さい」と言った。

兗州《えんしゅう》から乗車するとき、車掌さんに、瑺県という駅で下りるからと頼んでおいた。乗客を掻き分けて行きかけた車掌さんが引き返して来た。

「師団衛生隊の場所、知ってんですか」

と聞く。「いや、知らないが、迎えに来てるはずだから」と言ったら、

「駅を降りて、駅ったってプラットフォームしかないんですが、左へ曲がって、まっすぐ、三十分歩くと、本部の営門に出ます」と言う。

正しく三十二分後、駅舎のない駅に汽車は止まった。降りた。砂利敷きのプラットフォームに立ったのは、僕一人だった。

漆黒の暗さ、プラットフォームに添うようにして立つ一本の大木の葉ずれが聞こえるが、その他の音は何もない。

「いけべ見習士官殿ですか」と確《しっか》りした濁声《だみごえ》。「池部見習士官だ」とどなったら、

「自分は、衛生隊第二中隊……伍長であります。お迎えに参りました。馬を持って来ましたから、お乗りになって下さい」と言う。

「有り難う」と言って馬に近づいた。伍長の他に兵が四名いた。乗馬部隊の見習士官だから赤革の長靴の踵《かかと》には、騎兵用の太い拍車が付けられて歩く度に、ちゃりんと氷のような音を立てた。馬に近寄ったら、走って来たのか馬の体温が、冷たい肌に吹きつけられて快かった。軍刀を刀帯からを外して、だらりと下げ、馬の腹帯の締まり具合を点検、跨ってから鐙《あぶみ》の長さを調節、馬の頸を三回、平手で叩いて「愛撫」してから「よし、行こう」と言った。

ぶん殴られ、蹴とばされ、罵詈《ばり》を浴びせてくれた上官だった伍長や上等兵の階級の兵と、今、その地位が逆転している。

本心には、権力指向を持っていたのか、戦争はいやだ、とか、いやいやながら採用されたから兵隊になり将校になってしまったんだ、といった思いは、この場では消えてなくなり、自分でも解釈のつかない優越を感じていた。短い時間ではあったが、情けない主体性のない自分を見たが、気を取り直して「見習士官」の重責を担う、自分に返るように努めて、先導する伍長のシルエットに付いて行った。

三十分ほど走ったら、衛生隊の営門に着いた。衛兵が「捧げ銃《つつ》」をし、衛兵司令が「挙手」の礼をする。馬上から挙手の礼で返した。

こんなのは生まれて初めての経験だから、いい気分になり、すっかり見習士官の身分になり切った。営庭に入り、伍長は馬を止め、「見習士官殿、部隊本部に到着しました。副官殿がお待ちになっています。自分等は二中隊に帰ります」と言った。

下馬して、見た部隊本部の建物は、闇の中にでも、くっきりと西洋館三階建ての線を描いていた（この建物はドイツ人が建てたものを占拠した、と聞いている）。

太い二本の柱のあるポーチから、拍車を鳴らせて重い木のドアーを開けた。踏みこんだところは横に長い廊下だった。正面は、十段ばかりの階段になっていて上に踊り場があった。誰もいない。森閑としていて冷たい隙間風が吹きこんでいる。何処へ行ったものか、とたじろんでいたら、踊り場から、嗄《しわが》れた声が降って来た。

「池部見習士官か。俺、高野副官だ」

「はっ」と見上げ「配属の申告致します」と言ったら「申告は、後でいい。こいつを着ろ」と言う。

着ろ、と同時に黒い布団のようなものが投げられ、広がって舞い降りて来た。

副官なる人は、中国の袖の長いワンピースになっている服を着ていた。

「拳銃のみ携行。早く着替えろ」と嗄れた声を放って階段を、ゆっくりと下りて来た。

零下何度の薄暗い廊下で裸になり、中国服に着替えた。黒色の木綿地で綿入れだったが脂っぽく、汗臭く、冷たい服だった。

本部家屋の横のドアーから出、生垣の穴を這って出て、干し煉瓦積みの家の間を抜け、城壁の門の前に来た。城壁は顎を上げなければ見えないほど高い。「開門《カイメン》」と副官がどなる。

忽ち、重い大きな門は、中国の警察官らしい男の手で、軋《きし》る音をさせて開けられた。

副官に「入れ」と言われた家は、暖房が利いていて、温かい。八畳ばかりのアンペラ敷きの床に囲炉裏が切られ、中国服を着た中年の日本人の男がいた。十燭の裸電球が三個、下がっていた。

副官殿の顔は丸いが太い眉が寄っていて、口髭を蓄え、神経質そうに見えた。

副官殿は「着任、御苦労、充分に飲め。俺が奢る。申告は明朝でよし。俺は、これから巡察に回る」と言って出て行った。

「副官さん、村長の娘を妾にしてるだで。八路《パーロ》（共産党軍）のスパイかも知んねぇのに。

ま、ええ、豚のすき焼きすてやっから、うんと食いな。酒は、チャンチュウ（パイカル酒）だが、これも、うんとこある」と言って仕度してくれた。

「飲めって」と言うから飲み「食えや」と言うから食った。二年ぶりの「すき焼き」は、この世のものとは思えないほどうまく、アルコール度、五十度はあるという「チャンチュウ」は、瞬時にして五臓六腑に凄まじい勢いで滲み渡った。

「見習いさん。起きねぇかや」と揺すられて目を覚ました。頭蓋骨が木っ端微塵になると思われるほどに頭が痛い。

「さっきよ。二中隊の兵隊さんが、あんだの服と軍刀持って来たでや。着替えたら、成可く早く部隊長さんとこに申告に行けって、中隊長さんの言いつけだそうだ」とおやじ。

軍装に身を整え、よろよろしながら、部隊本部の建物まで、おやじに連れて行ってもらった。軒先の低い土の家の間を通り、大きな城門を潜り、石畳、両側は柳の並木道。

太陽が時折、顔を出していたが、寒さが堪《こた》えた。酔い覚めなのかも知れない。

昨夜、遅く璟県駅に降り、下士官に迎えられて馬に乗り、本部の建物前に着いたところまでの記憶は浮かんで来たが、その後の行動が思い出せない。と言うより思い出す力がない。

おやじとは生垣の穴の前で別れ、まずは、副官室を訪ねることにした。背もたれの立派な椅子に、深々と副官殿は腰かけていた。眉毛と眉毛の間が狭い。その下の小さな光のない眼を向けた。

一向に覚えのない顔だった。

「部隊長殿に申告しろ」と言って立ち上がり「来い」と言った。部隊長室は隣りにあった。

天井の高い、広い部屋で、豪華なシャンデリアが吊るされてあった。

部隊長殿は、五分刈り胡麻塩の頭、背が高い。中佐の階級章を付けている。温厚な顔だ。革貼りの椅子に腰を下ろしていたが、右脚を貧乏ゆすりさせていた。

「申告致します。陸軍輜重兵《しちょうへい》見習士官、池部……」と言ったら、

「休め、申告は略してええ。見習士官、お前は、昨夜、当部隊に到着した際、わしに申告する前に、高野中尉の制止も聞かず、城内のピー屋（売春宿）に行き、行なったか、否《いな》かの報告はないが、支那酒《チャンチュウ》を浴びるほど、飲んだそうじゃな。皇軍の見習士官として、あるまじき行為じゃ。抗命、風紀紊乱《びんらん》、服務規定違反、の罪に値する。軍法会議にかけるところじゃが、わしの裁量で許してやるが、以後、身を慎み職責を完《まっと》うせい。貴様は、入隊

前、役者だったそうじゃな。淫ら、且つ柔弱な仕事をしていた時の癖が直らんのじゃろ。少尉に任官するまで写経をし身心を洗っておけ」と部隊長殿は言われた。頭痛で混乱している頭の中は更に混乱した。「副官の野郎」とちろりと目を遣ったら、そこには副官殿の姿はなかった。

雪の、あの日から

師団衛生隊第二中隊（輓馬輜重中隊《ばんばしちょう》）小隊長に任命されて赴いた先が、中国、山東省、璢県《たくけん》という田舎の村。

『三国志演義』にも出て来るところで、小造りな古い城壁を持っている村だった。

昭和十九年二月、見習士官に任官された直後。

冷たい午後だった。単身、初年兵として入隊した輜重兵連隊のある兗州《えんしゅう》から、二時間ばかり汽車に乗って璢県駅に到着。

出迎えの下士官が引いて来た馬に乗り、衛生隊の営門を潜った。

衛兵から、初めて将校に対する敬礼を受けた。挙手の答礼をした瞬間、二年前、襤褸《ぼろ》雑巾《ぞうきん》のような軍服を着せられ、ぶん殴られ、追いまくられた初年兵期を思い出し、気分が高揚した。

「申告致します。陸軍、輜重兵見習士官、池部良は、只今、命に依り到着致しました」と初めてお目にかかる中隊長、中北中尉殿に、かちんかちんになって挨拶したら、

「池、部、君でしたね。そんな固い挨拶は抜きにしましょうよ。僕も君と同じ幹部候補生上がりだし、大学だって龍谷大学って、お坊さんの学校出身ですから。ところで、君、お酒飲めますか」と言う。

一メートル八〇はある。巨漢。黒縁の近眼鏡をかけていた。軍人に似つかわしくない、優しい言葉つき、その上、お酒を飲めますか、と聞かれ営門を潜ったときの「高揚」が萎《な》えてしまい、動揺してしまった。この二年間、こんな優しい言葉つきに出会ったことはなかったし、酒とは、まるで縁のない日の連続でもあったから、中隊長殿の質問に、どう答えるべきか迷った。でも、酒そのものは嫌いじゃないから、

「は、はい」と中途半端な返事をしたら、

「どっちでもいいんですけど、僕、酒が大好きですから、もし、君が好きだったら、一緒に飲みたいなと思っただけなんだ。なにしろ二中隊の将校、僕一人で、相談相手も、飲み相手してくれる将校さんはいないし。下士官、兵隊さん、みんな、僕を初年兵のときに、

教育してくれた人達ばかりでしょ。命令したって言うことは聞いてくれないし、相談かけても、あんたが隊長だから、自分で考えて下さい、なんて言われて。ま、それはそれとして、君が来てくれて助かりました。僕ね、君に二中隊任せますから、宜しく、お願いしますよ」と言った。

中北中尉殿は、翌日から、朝の点呼と朝礼を僕に任せ、遅くまで寝ていて、起きるといつの間にか居ない。中隊長付きの当番兵に訊ねると、本部へ行って、連隊長殿と碁を打っておられます、と言う。夜ともなれば、中隊長室で飲み助の兵隊を相手にして酒を飲んでいた。中隊長殿の心の内や、酒を飲むのを非難するつもりはなかった。むしろ、中隊の運営を、出来たての見習士官に任されたことに、異常なほどに、緊張した。

小隊長としては第一小隊長、中隊長の次に位置するNO．2だから、中隊長不在のときは、実質上、一挙にして百数十人の生命とか精神を管理する責任を負わされたのだから、緊張しない方がおかしい。

と同時に、あの暗黒時代の二年が過ぎ、将校となって解放されたから、自分で作れる自由がある、という喜びにも浸った。

検閲のない手紙を、おやじにもおふくろにも出せるし、その気になれば、酒も飲める、女に接することも出来るだろう、という次元の低い欲望が、「高揚」の裏側で、むくむくと湧いて来ているのを知った。

だが、申告した翌々日辺りから、この「むくむく」は、望みなき希望であったことも知った。

まずは、衛生隊は、いつ敵襲にあっても当然な情況下にあること。次には中北中尉殿の言うことさえ聞こえない振りをする兵隊さん達は、中隊長殿の後輩である僕には、顔も向けてくれないこと。その次は、中隊長殿が教育した初年兵（僕と同年兵）は、優しい中隊長殿を慕う余り、新米の見習士官には、何かと比較めいた目を送って来ること、だった。

字にすると、何んとも陰々滅々とした愚痴に聞こえるが、それほど根の張った深刻なものではなかったが、それにしても、些か神経質になり始めた。

夜な夜な、向き合っている下士官室から、すき焼きや豚カツ、中華料理のいい匂いが流れて来、放歌高吟に近い談笑の声が飛んで来る。

将校は隊で支給する食事以外、食べたいものがあれば、「私費」を出して食べることが出来る。だが下士官以下は、隊が支給する食事に限られている。

見習士官も将校だから、食費を払えば、好みの食事も出来たが、NO．2の責めを負わされては、食費を出したからと言って、兵隊さんが鼻をぴくつかせるようなものを食べていては、示しにならないような気がしたし、国に捧げる生命に甲、乙はつけられないから、差別をしたくない、と兵隊食を食べていた。

本当に、そう思ったか、気負いが、そんな思いを起こさせたものか、定かではなかったが、何れにしても、階級を嵩《かさ》にかけ、炊事係を脅かしては、手前《てめえ》達だけで、うまいものを食っている根性がよくない、と感情に走ったのは認めざるを得ない。

年功のある下士官と雖《いえど》も、勝手な真似は許されない、軍律を楯に厳重な処分にしたかったが、下手にすき焼き、酒飲み如きをやめさせれば、どんな竹篦《しっぺい》返しを受けるとも限らない。この両者で揺らめいて、ひどく悩んでしまった。指揮すること、管理することが図式通りには出来ないことを思い知らされた。

中北中尉殿は、こういうことで、山ほどに苦しまされたのだろう。池部見習士官の来隊は救いの神であったに違いない。だったら、夕食後、余程のことがない限り「御苦労さん、一杯、飲み給え」ぐらいの一言は、言ってもらえると秘かに期待していたが、それが無かったのは、どうしたことか、と考えこんでしまった。仏門出身だから、頂くことだけに馴れていたからか、と思ったりした。

赴任して一ケ月後、兵舎外で事件が起きた。将校、下士官を問わず、夜間外出は絶対禁止されていたのに、第二中隊の下士官三名が無断外出し、城壁内の、たった一軒の中国人がやっている居酒屋で、強《したた》かに「チャンチュウ」を飲んで、その内の一人が、中国人警察官を軍刀で斬りつけてしまった、という事件。

夜も十二時近かった。この報告を受けた僕は仰天、ともあれ、警察官を衛生隊野戦病院に入院させ、中隊の有り金全部を見舞い金として持って行った。

傷は浅く、生命に別状がなかったのは不幸中の幸いだった。

「池部見習士官、これは我が第二中隊の由々《ゆゆ》しき問題です。事件が部隊長殿に知られれば、あの人達は勿論ですけど、僕も君も軍法会議にかけられ刑務所送りです。

池部君、犯人は誰だったのか徹底的に調べて、厳重な処分をしましょう。でも僕は、そういうのって、余り好きじゃありませんから、君、やって下さい」と中隊長殿は言った。

これこそ、中隊長のやる仕事じゃないかと腹の中で思ったが、日本軍軍人が命令違反してまで外出し、剰《あまつさ》え、無辜《むこ》の中国人警察官を酒に酔って斬りつけた、とはと悲憤慷慨していたから、即座に調査を承知した。

その日は、前夜から降っていた雪が二十センチも積もる朝だった。

白い白樺林の風景の中を三人の下士官を従えて、十五分ほど歩き、人目のないところで三人を横一列に並べた。

下手に訊問したとこで、碌《ろく》に返事もしてくれまいと思ったから、

「俺は、貴様達の三年も後輩の兵隊だが、ただ今、第二中隊先任将校として、貴様達に制裁を加える。天皇陛下に殴られたと思え。誰が、中国人警察官を斬ったか、俺は不問に付す。だが貴様達の内の一名が、当事者であったことに間違いはない、という報告を受けている。従って、連帯責任として、貴様達三名、俺の制裁を受けろ。但し、不服があるならば、俺にかかって来い。俺が殺されるか、貴様達を殺すか、だ。不服でなければ、脚を開け、歯を食いしばれ」とせいいっぱいにどなった。どなったお蔭で興奮したから、寒くなくなった。

三人は不愉快な目を向けて来たが、かかって来ず、両脚を広げ、僕の拳骨《げんこつ》が飛んで来る準備をした。

僕は左手と右手の拳を、彼等の両頬に一発ずつ思い切り叩きつけた。さすが鍛えられた下士官だった。三人は蹌踉《よろめ》いたが倒れない。

一人だけ、口の中を切ったと見え「終わり、別れ」と言った直後、どぼっと血を吐き捨

てたから、雪の上に椿の花を落としたようだった。

事件が事件だったとは言え、信頼すべき中隊幹部の下士官を殴ったことは、内心、うそ寒く、涙が滲み、必要以上に舞い上がって三人の下士官も僕自身も傷つけてしまったのではないか、とやり切れない思いになった。

それから、間もなく少尉に任官、師団と共にニューギニアに転進し、中尉に昇進、司令部の作戦の都合から、衛生隊隊長を仰せ付かって復員するまでの二年半、酒らしい酒にお目にかかる機会もなかったが、飲む気持ちになれなかったのは、よかったことなのか、そうでないことだったのか解らない。

同じ幹部候補生のコースを辿って将校になった連中は沢山いて、その中には酒も、食いものも、女にも不自由しなかった者もいた、という話を聞いたことがある。

羨ましい、と思ったこともなければ、運が悪かったと考えたこともない、と言ったら嘘になるのかな、とは思っている。

中国の村でパイカルを飲む

漢字では「白乾児」と書き「パイカル」と発音する。産《と》れるところは中国も東北地域に限られているらしい。

ウォッカに似て透明でアルコール純度も六〇度はあるという蒸溜酒。香りもウォッカと日本の焼酎の合いの子のようだ。

この酒は北中国、北京辺りの、例えば牛肉・豚肉、筍、玉葱・青菜《チンサイ》とかを細かく切って一緒に炒める、極く当たり前の料理を目いっぱい頬ばって、ちびりと舐めると、ああ、俺は生きているんだなといった思いにさせてくれる。強い、練れたアルコールの甘さが、雑草の青い匂いと李白・杜甫といった詩人の知性の香りが渾然となって口中に広がる。堪らない。

昭和十九年三月、陸軍少尉に任官。

直後、師団衛生隊に第一小隊長として赴任。衛生隊は北京から百五十キロ、南、璋県という小さな土の城壁に囲まれた田舎町にあった。やれやれ、ひでえところに来たものだと嘆いて部下三十人の訓練に毎日を送っていた十日目、

「第一小隊は柿樹園分屯隊と交替せよ」という命令を受けた。柿樹園分屯隊は璋県から、更に南、二十キロと離れたところにある。

百メートル四方の土壁に護られた中に、日干し煉瓦を積んで建てた兵舎が二棟。土壁の外は、東西南北見渡す限り茶褐色の畑が連なり、二、三十本の樹々に覆われた部落が点在していた。人の姿を見かけない。

いつ、何ん時、敵襲があるかと、初めての経験に神経が尖り満足に眠れないでいた。

五日経った日の午下がり。粗末な隊長室で所在なく胡坐《あぐら》をかいていたら「隊長どの。桃花村の村長から隊長殿宛の手紙を持って来ました」と佐伯軍曹が入って来て朱色の三つ折りにした手紙を渡された。

紙の天には「喜」という字が印刷され、その下には毛筆の、しっかりとした運びで漢字が、びっしりと書かれてある。

「何んて書いてあるのかな」と言ったら、

「自分は」と佐伯軍曹が横に手を振る。

致し方なし。知っている限りの漢字を拾ってつなげて読んだ。

「父、陳周明、喜寿の祝いの宴を催すにつき日本軍柿樹園隊長には是非とも御臨席下さるよう伏して願い上げます。日、三月二十五日。時刻、午後一時。処、桃花村村長宅」。

佐伯軍曹が「こらあ敵の罠ですぜ。行かない方がいいですよ」と言ったが、もし、行かず、罠でなかったとすれば、日本軍の大失態となり彼等の面子《メンツ》を潰し日中友好関係に、ひびが入ると力説。参席する決心をした。

当日、二名の兵を連れ、広い遠い畑を二時間半かけて横切り桃花村に着いた。

長い土の家の、黴《かび》くさい土間に、木の台としか言えないテーブルを継ぎ、片側に、二十人ほどの村長の姻戚が腰かけた。

村長の父と僕は向かい合って坐る。

村長が鳴らした手を合図に、料理が運ばれ「請《チン》、請《チン》（どうぞの意）」と村長の父が言う。怪訝な顔をしていたら村長が食べる真似をした。

なるほどと肯き箸を握ったら、村長が、突然として立ち上がり「乾杯《カンペイ》」と言った。

村長の父と僕には白濁した翡翠に似た石の小さな盃が渡され、透明な酒が注がれた。村長が「カンペイ」と大声を出して飲み干した。僕は、毒殺の疑いを頭に描いて緊張していたが村長の飲みっぷりの良さに、負けてはならじと、ぱっと咽喉に放りこんで、ごくっと飲みこんだら咽喉の管と胃袋が、焼けただれた鉄の棒を突っこまれたようになった。痛いのなんので、止めどなく咳こんだ。村長と村長の父はにこっと笑い、飲み干した盃の底を僕やお客に見せた。お客も、ぱっと飲んでから盃の底を見せ合って、にっと笑う。僕も見真似で底を見せて、にこっと笑おうとしたが咽喉と胃袋の激痛に耐えかねて笑えなかった。

乾杯は、間髪を入れず、何度も何度も重ねられた。僕は日本軍将校として、礼を失してはならじと思ったから、彼等の乾杯には同調した。三十八杯までは数えていたが、その後の記憶がない。翌日の昼少し前、前後不覚の目を覚ました。頭の中は百本の畳針で突き刺されているようだ。佐伯軍曹がドアーをノックした音に飛び上がった。

「桃花村からの使いが手紙と酒瓶を置いて行きました」と佐伯軍曹が言う。手紙は、つまらない便箋に毛筆の漢文が紙の四隅まで詰まっている。頭痛が激しい。軍曹の助けを借りる。

「昨日、父の祝宴に御出席、感謝。隊長閣下の飲みっぷりがよく、いつまでも、盃をテーブルに伏せて乾杯を終わりにして頂かなかったため私の父と客の全員、酔いつぶれ今だに宴を催した土間に寝ています。あの酒は白乾児と言い乾杯の最初の一杯だけは飲み干し二杯目からは、嘗めるが如くして、嗜む酒です。御気に入った様子。二本、贈呈」とある。

軍曹がぶら下げている二本の瓶を見たら、げぼっともどしそうになったが次の瞬間、口に放りこんだ最初の一杯目、ふっくらとしているが癇《かん》の強い農家の若いおかみさんのような味と香りが思い出された。

北中国の料理にはよく似合う酒だということでお勧めしたい。

ハルマヘラ島にて

昭和十九年五月、赤道直下、ハルマヘラ島でのこと。

成りたての少尉だったのに、軍医数名を含んだ兵八十名ほどの独立中隊を持たされ、「ダル地区に野戦病院を開設、並びに警備、併せてダル、ドロ、シシラン三部落に対する宣撫工作に当たれ」という師団命令を受けた。

木造上陸用舟艇に便乗、師団司令部のあるワシレから湾を横切って、対岸十キロ先にあるダル海岸に向かった。

上陸してみると、百歩も歩かないところからジャングルの縁になっていて中は真っ黒に見え、何が出て来るのか、怖かった。

海岸に、椰子の葉で組んだ屋根、蔓草《つるくさ》で縛った柱の、掘立小屋を建て、ひとまずの兵舎兼病院にした。

翌日から宣撫工作の仕事にかかる。

ダル村を中にして右、左、二キロばかり離れてシシラン、ドロの部落があり、ジャングルの縁に高い脚をつけたラワン材の家が、それぞれ十軒ほどあって、パプア、インドネシア人住民が併せて百五十人はいたようだ。

初めて彼等と目を合わせたとき、お互いに及び腰、しかも言葉が通じないから、どう接したらいいものか悩んでしまったが、一週間もかからない内に、お互い笑顔を交わせるようになった。

シシラン部落の村長の伜、アレクが交流の音頭をとってくれた。二十一、二歳だったか。四ケ月経った日、アレクが深刻な顔をしてニッパハウスの隊長室に現われた。

「三部落の住民は、日本軍に協力している人達だから危害を加えるな」といった文面の証明書をくれと言う。ほんとにこう言われたのか、どうかは、はっきりしなかったが、ではなかろうかと思い住民票を交付することを約束した。

軍医から処方箋をもらい、手の平の大きさに切って「右之者、日本軍に協力せる良民なることを証す。陸軍少尉、池部良」と書き、村人全員一人一人に手渡した。村の人達は字が書けなかったから、右之者の前のサインは×△○※式の印を書いてもらったが、誰が、何んて名前なのか見当がつかなくなった。

村人達は住民票を細い竹筒に入れ、頭に紐で結わえてぶら下げた。アレクは村民を代表して深く感謝すると言い、太い竹筒に注いだ透明な飲みものを、両手で捧げて僕にくれた。

「これ、ソピー。バニャバグス（とてもすばらしい）」と言う。

「ソピー？　それ、何か？」と聞いたら、つまり椰子酒を、竹筒などを利用して蒸溜したアルコール純度の高い酒であって、椰子酒一升でお猪口《ちょこ》一杯分ほどしか作れないから極めて貴重な酒だと説明してくれた。この説明を了解するのに二時間かかった。

では有り難くと、ひと口、口に含んで飛び上がった。恐らくアルコールは六〇パーセント以上だろう。だが飛び上がってからの後口は椰子の実の仄《ほの》かな香りと甘さが爽快に、舌のつけ根に残り、もう死んでもいい、の思いをさせてくれた。ソピー。正に南国のダイヤモンドを溶かした酒だと思った。

その一ケ月後の数日間、想像もしなかったアメリカ軍の大空襲、大艦砲射撃に遭い、島内に山積みにされていた糧秣《りょうまつ》、弾薬は雲散霧消。当然ながら、池部隊も無一物となり、ただただ爆撃を避けてジャングルの奥へと逃げ、とかげ、蛇、蛙を食い尽くし、みみずを食べ雑草を塩水で煮ての、日を送るようになった。マラリヤ、デング熱、下痢、栄養失調を重ねて十ケ月を経過して終戦を迎えた。

終戦の報を上級部隊から知らされ、とにかく日の当たる場所へと、ダル海岸に出て来たらアレクを先頭に三十人ほどの部落民が迎えてくれた。嬉しかった。

十二、三日経った頃、「戦犯」という言葉が耳に入って来た。

「トアン（主人または旦那の意味）、戦争、ない」とアレクは両手を広げて悦んでくれたが、彼の耳の上から住民票入りの竹筒がぶら下がっているのを見て、僕は嫌な気持ちになった。そして仰天した。

この住民票がオランダ軍の手に入り、部落民から、あること、ないこと告げ口されたら僕は「戦犯」の刻印を押されてしまう憂き目に遭わないとも限らない。

「アレク、みんなに言って住民票を返してもらってくれ」と僕。

「トアン、これないと、日本軍に殺される」

「馬鹿なことを言うな。第一、もう日本軍、負けたんだ」

「トアン、日本、負けない」とアレクは言って涙を浮かべた。

「トアン、ソピー、沢山作って持って来る。隊長にみんな上げる。だから住民票、取り上げないでくれ」と言った。アレクの語気には切実なものがあって、僕には竹筒を取り上げる勇気がなくなってしまった。

それからの毎日、いつオランダ軍に戦犯容疑で逮捕されるか、生命を縮める思いだった。

十ケ月後、復員船が入って来た。甲板に立ち、思いを残して浜に目を遣ったら、アレクと七、八人の住民が細い竹筒を頭にぶら下げ、手には、ソピーが入れてあると思われる太い竹筒を握って並んでいるのが見えた。遠いから声をかけられなかった。

オールドパー

昭和十九年中頃、中国、山東省に駐留していた楓《かえで》師団（僕が配属されていた衛生隊を含む）は、南方へ転進のため、上海、呉淞《ウースン》港を出港。途中、他師団と合流、南方向に行くとだけは承知していたが僕のような下級将校（少尉）に詳細は知らされていなかった。行け、と言われたから「はい」と返事したが、暗夜を歩かされるようで、いつ、何にぶつかるか、穴に落ちるか見当もつかなかったから、死への怖ろしさが目の前にぶら下がるのを見た。

駆逐艦に護られた十数隻の輸送船団は、二縦列を組んで南下。呉淞港を出て六日か七日目、台湾とフィリッピンの中間、バシー海で左縦列の船団が悉《ことごと》く、アメリカ潜水艦の魚雷攻撃を受けて轟沈。夜中だった。

瞬時にして何千人もが海没し、戦死しているとは思えなかった。驚愕と茫然の内に過ぎた。被害のない右縦列の船団は、ばらばらになってマニラ港を指して逃げた。

衛生隊が便乗していた船は右縦列にいたから、息せき切って走った。最高速力八ノット（約十五キロ）には心細く悲愴感が漂った。

五日後、やっとの思いでマニラ港に入港。

船団の半分が撃沈され、兵力も半数になってしまったから、助かった楓師団、単独でニューギニアのハルマヘラ島守備に就くことになった。

マニラ港波止場に停泊した六日目の夕方、食糧、水などの補給を整えて再び出港。

護衛艦二隻がサイドに付き添ってくれていたが、丸裸同然の輸送船にとっては、むざむざ狼に食われに行くようなもので、皇軍兵士を誇る高揚した気分は消えていた。

案の定、二日目の昼下がり、見張り員の「魚雷」、と叫ぶ声も終わらない内に、船の後尾船倉で大爆発音。船は左舷に傾き、尻から沈んで行く。有り難いこと、ゆるりと沈んで行くからその場での死からは逃れたが、大海原に十数時間、泳ぐことになった。

十数時間、経過した頃、南十字星だけが目につく闇の中から、ぬうっと味方駆逐艦が音もなく微速で現われた。

暗がりの中、駆逐艦の甲板から、何本もの太いロープが垂らされて「引き上げるから、しっかり摑《つか》まれ」、そんな声に励まされたが、水を含んだ軍服が重く、ロープにしがみついているのが、せいいっぱいだった。

水びたしの甲板に引きずり上げられ、腹ん這いになっていたら、水兵が「貴様あ、兵隊か、士官か」とどなる。

返事も出来ず衿の階級章を指さしたら、どすんと腰を蹴られた。甲板は洪水のようだったから、蹴られて船首の方へ、ずずっと滑り鉄の壁に頭をしたたかにぶっつけた。

水兵に腕を取られて入ったガンルーム（士官室）は狭い部屋だった。既に救助された先客が身体を斜めにし、くっつき合って腰を下ろしていた。リノリウムの床には、引き上げられた先客の軍服から滴り落ちた海水が五センチの深さで溜まっていた。

先客に、虚ろな目を向けて驚いた。少尉なんて最下級の将校は一人もいない。四階級も五階級も上の上官ばかり。上官の、どの目にも感情の表われはなく、死んだ犬の子の、それのようだった。

「入ります」と水兵が、ひと抱えもあるアルミ製の四角い食缶を下げて入って来た。

「握りめしです。一名一個であります」とテーブルに置いた。と同時に、鈍い動きで、そして秩序なく三十名ばかりの上官の腕が伸びて来て、忽ち握りめしは無くなってしまった。

僕が頂こう、としたときには食缶の底に、何粒かのめしが付いているだけだった。

貪《むさぼ》り食う上官の爺さん方の口元を見つめていたが、「よくぞ、助かった」という思いは遥《はる》かにない。唾液《つばき》が出て来てしょうが無い。分けて下さい、とは言えなかったから、することがなく、腰に吊るした軍刀を抜き鞘を逆さにして溜まった海水を流したら、背にしていた鉄のドアーが押されて開かれ、水兵が顔を出し、僕の手に四角で、首の長い褐色の瓶を持たせた。「少尉。これは艦長からであります。シンガポールで買ったオールドパーとか言うのだそうです。一口ずつしかありませんが、武運を祈る、とのことであります」と言って、水兵は軽く敬礼して、ドアーを閉めた。

その瞬間だった。向こう正面にいた口髭を蓄えた大佐殿が、多勢の肩や頭を跨ぎ、丸太ん棒が倒れるようにして僕に迫って来た。

僕には大佐殿の動作が、何を意味するのか見当もつかず、オールドパーの瓶を両手で捧げていたら、瓶は、大佐殿の太い長い指に摑まれて、両手の間から消えた。

大佐殿は、元の席に戻るなり、三口、四口と咽喉を鳴らして、ラッパ飲みにして飲んだ。ふーと息をついた大佐殿は、隣りの大佐殿に瓶を渡した。渡された大佐殿も、口髭を指で持ち上げて三口か四口飲んだ。四口目に瓶を口から放したら、前にいた中佐殿が瓶を取り上げ、ぐいぐいと呷《あお》った。その後、二人の中佐殿が顎を天井に向けて、ごくりとやったら底をついてしまった。

「おい、入口の少尉、うまかった。非常に感謝する、と艦長殿に伝えて来い」と最後に飲んだ中佐殿が言った。

僕は「感謝する、と伝えて来ます」と復唱したが、伝える気もなく、ドアーを開け甲板に出た。漆黒、舳先《へさき》が切った水しぶきだけが、仄かに光る。船首からの凄まじい風に煽られた。

船橋からだろうか、

「おーい、その士官、本艦は全速前進しているんだ。振り落とされないように、注意しろ」と、どなる声が聞こえた。

ともあれ、楓師団はハルマヘラ島に上陸。オーストラリヤ進攻作戦の根拠地とかで、生命からがら足を着けた汀《なぎさ》から五十メートルも離れていないジャングルの中に、弾薬、糧秣が目を疑うほどに、山と積まれてあった。

ワシレという部落に司令部が置かれ、衛生隊は、ここで取り敢えず一週間の野宿。一週間後、衛生隊部隊長殿は、新たに歩兵連隊が編成され、その隊長となって離島に移って行った。師団の編成上、ということで、僕が残され、衛生隊の隊長を命ぜられた。

その数ケ月後、アメリカ軍の大艦砲射撃と反復する大空爆下に曝され、夜になると雨のような露が降り、日の目を見ない密林の中に潜み続けて二年間を暮らした。その間、食べものはなくなり、ついには雑草を海水で茹でて食べていた。

二十年、八月十六日、終戦の詔勅が伝達された。

十一月頃だったと思う。カレンダーもないし、暑い毎日だったから季節も日付も不明。

「衛生隊長、池部中尉は、〇〇日、師団長に同行、来島せる豪軍駆逐艦長と交渉せる会談の通訳を命ず」といった電信での命令が伝達された。立教大学英文科を卒業したのも三年前で、その間、英語の「え」の字にも接していないから、通訳やれと言われても困惑が先に立った。そして、その日がやって来た。

浜に木造の上陸用舟艇が着いた。艇に乗ったら師団長閣下、参謀長殿など、七、八名が乗っておられた。

「池部中尉、宜しく頼むぞ」と参謀長殿に肩を叩かれた。

湾の沖合に停泊する灰色のオーストラリヤ駆逐艦まで三十分かかった。閣下も参謀長殿も、誰も口を利かない。

駆逐艦に接舷した。縄梯子が下りて来た。

「池部中尉、貴様、先に昇れ」と閣下がおっしゃる。参謀長の大佐殿が、同意の目付きで僕を見た。「しかし」と言ったら、中佐参謀殿が、「びくびくするな。交渉の全ては、君に任せる」と言う。

交渉の内容も心配だが、独りで上がって行き、ジャップと言われて殺されるのは敵わねぇなと思ったから「冗談じゃねぇよ」と胸の内で叫んだが、無言の圧力に負けて縄梯子を昇った。甲板にたどり着いて立ったら、鬼のような面をした、でかい男に取りまかれ、どうなることかと泣きたくなった。

「I want to see your captain」と言ったが、気持ちが悪いのと久しぶりの英語だから言葉が震えていた。艦長室に案内された。

「Good day. I'm lieutenant commander何んとか」と机の向こうの灰色の髪毛を持った小柄な、四十歳前後、金モールの肩章を付けた白い半袖シャツ姿の艦長と覚しき男が立ち上がり、手を差しのべる。僕も手を出し握手した。日本軍と違って栄養が利いているのか、やたらと力が強い。指の骨が潰されそうだった。

艦長は、握手の手を放し、くるりと後ろを向き、戸棚を開いて、コップを二個、酒らしい瓶を取り出してテーブルに置いた。

置かれた瓶を見たらオールドパーだった。

「とにかく戦争は終わった。これに就いて私は問題にしたくない。この時点に於いて、お互い、生命の存在が保証された。祝いたいと思う。私はブリティッシュが嫌いだが、オールドパーほどうまいウイスキーが、我が国にはないから、残念だが、これで乾杯しよう」と言った。なにしろ錆ついた英語だから、そんなことを言っているのではないかと思っていたら、艦長は「Toast your health」と言った。

何年かぶりだし、生《き》で、ぐいっと飲んでしまったから目を回した。

三十分後、縄梯子を伝って下りた。

「お、大分、酒くさいな。何を交渉して来たのか」と参謀長殿が言う。

「復員船を早く、ハルマヘラ島に回すように手配する、と言っておりました」と報告した。

艦長とは、「Toast」の他、何も会話を交わしていなかったから、この報告は僕の希望を述べたことになる。
閣下は、「そうか、よくやってくれた」とお礼を言われた。
それから八ケ月後、復員船に乗って、一路日本を指した。

乾杯

「ま、とにかく乾杯するか」とおやじが言った。昭和二十一年七月上旬、晴れていて蒸した日だった。

ニューギニアから復員。和歌山県の田辺港に上陸。復員局出張所で「池部鈞」の疎開先「茨城県猿島郡山田村・増田氏方」という字を見つけ、一路、闇雲に行ってみた。

重度の栄養失調症で、三歩歩くのも辛かったし、島で作った手製のリュックサックを背負い、陸軍の半袖、ズボン、縒《よ》れた戦闘帽、斬り込み隊で出撃するときに使おうと、大事に扱ってきた新品に近い軍靴の姿は、我ながら見すぼらしく、哀れに思えた。

おやじとおふくろが疎開していたところは豪農の書院だった。

六畳の間、南天の床柱、床の間に見たてた棚がある。三尺の廊下が鍵形に回っていて、書院というより茶室に思えた。

庭は五十坪ぐらい。満天星《どうだん》・梅の木・百日紅《さるすべり》・柿などが植えられ、庭先は檜葉《ひば》の垣根、その向こうは境町から結城《ゆうき》に通じる昔の街道で五、六メートル幅の埃道。

六畳の間に家財道具らしいものは何もなかった。風呂敷包みと蜜柑箱に入っている茶碗・箸・皿が、丁寧に重ねられてあった。おやじは浴衣を着、おふくろは洋服とも和服ともつかないものを着て、「もんぺ」を穿いていた。

辿り着いた翌日の昼、おやじとおふくろは、お借りしたのだろう、長火鉢を前にして並んで坐った。僕は火鉢を前にして二人に向かって坐った。

おやじは髪毛に白髪が混じり、薄くなっていたから地肌が白く浮いて、黄色い前歯が二本、やたらに目立った。おふくろの髪毛に白髪があって額の横皺や目尻の皺が目につき、ひどい婆さんになったな、と思った。僅か五年というのか、五年もの永い間と言っていいのか解らなかったが、五年前、板につかない軍服を着た僕を、元気でな、死ぬなよと声を掛けてくれた、あの若い面影はなかった。

昨日の夕方、山田村の辻で木炭バスから降ろされ、一文無し、栄養失調でふらつき、訊ねる人の姿も見えないまま、擦り減った勘を頼りに捜し当てた「増田家」で、まずおふくろと出会い、続いて書院の縁側から、裸足で飛び下りて来たおやじと目を合わせたきり、満足な会話も交わさず、寝て起きた次第。

おやじは「乾杯とするか」と言って、用意してあったらしく、膝の脇から紅茶色の水が三分の一入っている横文字のレッテルが貼られた瓶の首を握って長火鉢の台の上に置いた。

「おい」とおやじは、おふくろに目配せをした。おふくろは、ぎくしゃくと立ち上がり蜜柑箱から茶碗を三つ取り出して、瓶の横に並べ、又、おやじの横に坐った。

「今更、愚痴こぼしても始まらん。生命《いのち》あっての物種だったな」と言いながら瓶の栓を捩じって開けたが「そうだ。お前に謝っておくんだが」と言って開けた栓を元に戻した。

生まれて、この方殴られたり、ばか野郎とどなられたことはしょっちゅうだったが、謝りたいなんて言葉は一言も聞いた覚えがないから驚いた。驚いて、上目でおやじを見たら、おやじは瓶から手を放し、長火鉢の縁を摑《つか》み、伏目になっていた。どんな酷い目にあったのか、外地にいた僕には想像もつかなかったが、かなり参ってるな、とは思った。

おふくろは、薬指で鬢《びん》のほつれ毛を掻き上げ耳に添えてから、僕を見たが瞼を小ぜわしく動かし、おやじに目を送った。

「お前が話してやれ」とおやじが言う。

おふくろは黙って首を小さく横に振った。

このとき、庭先の街道に白い埃が昇るのが見えた。埃は、雲のように固まったまま、百日紅や梅の木の間を抜けて書院の中に舞いこんだ。埃の風は熱かった。

「俺達な、空襲が、ひどくなるってんで、馬込だの栃木だの埼玉に、一切合切《いっさいがっさい》を持って疎開したんだが、引っ越すたんびに、アメリカの焼夷弾に焼かれちまった。俺の絵も、お母さんの着物も、貯金通帳も、一切合切だ。

お前が、これから音信不通になるってんで上海から送り返して来た、お前の持ちものも、置いてあった背広も、映画の写真も、猿股も、シャツもだ。つまり、お前のものは、みんな灰になっちまった。お前の財産と言やあ、今、お前が着てるその服だとか、ぶら下げて来た汚ねぇ袋が全財産ってわけだ。そういうこった」と言ったから、

「詫びるって、そのこと？」と言って「灰になっちゃったのか」と言った。

「あのね。田辺に入港する三日ぐらい前だったのかな。台湾沖で、すごい颱風に追っかけられたんだ。乗ってたリバーティー型ってアメリカから借りた輸送船、頭でっかちな船なもんだから四十五度ぐらいも傾いて、いつ沈むか、いつ沈むかって。こんなところで死ん

じゃ堪らないな、と思ったんだ。そしたら、幻覚なのか、何んなのか解んなかったけど大森の居間で、背広を着て、ネクタイ締めて、頭の毛にはポマードが塗ってあって、省線電車の定期が上着の内ポケットに納っている僕が目の前に現われたんだ」

何を告げるつもりで、こう留め処なくしゃべっているのか見当がつかなかったが、自分のしゃべりに酔っている感じがしたから恥ずかしくなって、そこで口を閉ざしてしまった。

「それで、どうしたの」とおふくろが僕を覗きこんだ。

「いいんだ。それだけの話。何も失くなったっていいよ」と僕。

三人の間に、ちょっとの間、静寂《しじま》が出来た。「よかろう、出来たあことは出来たことだ。ま、こいつで、まず乾杯といくか」とおやじが瓶を手に取り栓を捩じった。

「その瓶、何んの酒?」

「これか、ウイスキーだ」

「へえ、よく、そんなウイスキーなんて、戦時だってのにあったたね。配給?」

「配給なんか、あるものか、焼酎だって濁酒《どぶろく》だって無かったんだ」

「じゃ、どうして、それがあるの?」

「これか。こりぁな。バーボンとか言うアメリカのウイスキーだそうだ」

「へえ、アメリカのウイスキー?」と言って瓶のレッテルに目を凝らしたら「PEACOCK」と印刷されてあるのが読めた。英文科出身だから、五年の空白時があってもPEACOCKは孔雀の雄ぐらいは思い出せた。

「アメリカのウイスキーなんて、よく手に入ったね」と言ったら、おやじは、ぎろっと僕を睨《にら》み「黙って飲め」と言い、三個の茶碗に、惜しそうに、ちびり、ちびりと注いだ。

「このお酒ね」と、おやじの手元を見ていたおふくろが、小さな声で言った。

「終戦になって三月《みつき》ぐらいしたときかしら、ここの先の方に、下妻ってところがあって、そこに進駐軍が来たのよ」

「進駐軍って、アメリカ軍?」

「でしょうね。私の家へ来たのはアメリカの兵隊さんだそうだから」

「ばかやろ。アメ公の兵隊に、さん付けなんかするな。俺達あ、あいつらに負けたんだから」とおやじ。

「アメリカの軍人が、何しに来たの」

「お母さん、口下手だから、俺が説明してやるが、そらあ、最初、庭の向こうから、真っ赤な頭の毛、真っ赤な顔、天狗の鼻みてぇな鼻、背がやたらにひょろ長い軍服を着た男が、断りなしに、ぬうっと入って来たときあ、驚いたな。お母さんは柱に頭をぶっつけて、ひっくり返った。奴が縁側に腰かけて、何か言うから、俺は度胸を据えて聞いてやった。奴はピストルを持ってやがったから、下手に応対は出来ねぇな、と思ったからな」

「日本語で、その男と」

「ばかやろ。アメ公とすぐ解ったから、英語でしゃべってやった」

「お父さん、英語、出来たの」

「まあな。で、何しに来たんだ、と言ったら、私はシカゴでカツーンを描いている」

「カツーン？」

「漫画のことだ。日本なんて猿しかいねぇとこだと思ったら、日本の、こんな田舎に、文化の香りの馥郁《ふくいく》たる絵描きがいると聞いて、矢も楯もたまらず、お訪ねしたと言うんだ」

「ほんとうに、そう言ったの？」

「そう言ったと思う。俺の勘だが。そうこうしている内に毎日、やって来るじゃねぇか。敵には違いねぇが、こう毎日やって来られると、こっちも人情が湧く」

「それで、このウイスキー、くれたのかな」

「だろう。だが貰っても有り難くない。敵から施しを受けてるようで潔しとしないな」

そのとき、おふくろが、わざとらしい咳払いをした。

「と言って、殆ど飲んだわね。でもね、お話が、一寸違うのよ。ここのお世話になってる増田さんが通訳して下さったんですけど、そのアメリカの軍人さんのお父さんが、うちのお父さんとそっくりなんですって」

「どうして知ったんだろ？」

「それは知らないけど。お父さん、英国のチャーチル首相に似ているって、自分でも自慢していたのよ。そのひとのお父さんもチャーチルによく似てるんですって。だから日本へ来て、父に会ったようで、とても嬉しかったんだそうよ。それで、先月の初め、帰国するから、日本のお父さん、元気にって、このウイスキー置いて行ったのよ」

おやじは口を「へ」の字に曲げて、何も言わず、僕とおふくろに茶碗を渡し、自分も手にしてから「じゃ」と一言だけ言って、ちびっと舐めた。

おやじも舐め、おふくろも舐め、僕も舐めたところで、二人を見たら、疲れ切った老爺、老婆はいないで、五年前の若いおやじとおふくろが居た。

僕は、それからの三日後、腸チブスで寝こんでしまった。

振舞酒

復員して一年目、振舞酒で死に損なっている。

昭和二十二年の夏の終わり。

松竹・京都撮影所で、木下恵介監督演出・島崎藤村の小説『破戒』を撮影していた。

主役の「丑松」を演《や》っていた。

主役だからと言って、毎日、幕なしに撮影があったわけではない。暇なときもあった。

暇が出来ても、暇を付き合ってくれるような人は、まだ、京都に居なかったし、栄養失調の身で復員しての一年後だから、積極的に酒を飲む気にもならなかったし、敗戦直後で、手頃な飲み屋もバーもなかったし、といった具合で、独り間抜けな時間を、もて余した。

することなしの、あまりの間抜けさに、町へ出てみることにした。

中学生の高学年の頃、京都に修学旅行に来ている。だが、微《かす》かに清水寺の舞台と宮川町という「いかがわしい」町の、とある仕舞屋《しもたや》の二階しか記憶にない。

上がった清水寺の舞台から下を見たら、あまりの高さに股間の或るものが縮んで腹の中に吸いこまれた印象が強かった。

宮川町の、とある仕舞屋の二階の記憶というのは、少年の冒険心と好奇心と元来の人のよさに端を発している。

団体行動から解放され、仲のいい奴と二人で「デリケッセン」という喫茶店に入っていたら高等商船学校の真っ白な制服に、金色の七つボタンをつけた、三つ四つ年上の男が寄って来て「おもろいとこ案内して上げよか。来いへんか」と誘う。手もなくついて行った。

櫺子《れんじ》の格子戸を開け「ここや、二階に上がって待っててや」と言って、置き去りにされてしまった。狐に化かされた思いで、狭い急な階段を昇り、突き当たった四畳半の部屋に、お互い、先を譲り合って、とに角、入って畳に正坐した。

三十分待ったが誰も現われず、何も起こらない。「おい、廊下に出てさ、探検しようよ。君行ってみろよ」と奴が言う。「よしっ」と強がって廊下に這い出て、突き当たりの薄暗い部屋を覗いて、びっくりした。

安達ヶ原の鬼婆に似た婆さんが、布団の裾を捲《まく》り、ブリキの湯たんぽを引き出し、口金を、のろりと開け、赤い盆に載せた二つの茶碗にごぼごぼと湯たんぽの湯気の出る液体を注いだ。液体はお湯だと思ったが、酒の匂いが流れて来たから、酒だったに違いない。

婆さんが振り返った。無表情なまま、

「見たな。うち、腰が悪うおますさかい。あんたはん、これ持ってっておくれやす。飲んでるうちに、女子《おなご》も来ますやろ」と言う。

こんなことが思い出された。

想い出しながら歩いていたから、何度も、人にぶつかった。

六人目の人は背が低く小走りにやって来る。そのまま近づけば、突き倒されるに違いないと思ったから、ひょいと身体を右に除《よ》けたら、がきっと爪先を踏まれた。

「痛えっ」と咽喉奥で叫んだら、

「すんまへん。かんにんしてや、すんまへんな」としきりに謝り、立ち止まって僕の顔を見た。

「ありゃ、良ちゃんや、おまへんか」と高い声で言い、僕の両肩を摑《つか》んだ。見上げる顔に見覚えがない。僕と同年輩か、ちょっと先輩に思われた。背広をきちんと着、ネクタイも締めていた。

「あいぼし、こらあ絶対に当たりよりまっせ」

「あいぼし？」

「あいぼし。良ちゃん、自分が出てはる映画の題名知らんのかいな。『愛よ星と共に』、略して、あいぼし。デコちゃんと一緒に出てる映画やないかいな」

「あ、そう」とは言ったものの、降って湧いたような、この小柄な男が何者なのか見当がつかず、目のやり場に困ってしまったが、つい二週間前、撮影し終わった東宝映画『愛よ星と共に』に詳しい。薄気味悪くなって、

「先を急ぐもんで、失礼」と言ったら、

「水臭うおまっせ。良ちゃん、あんたが無事復員して来やはったこと、あたし、もう涙が出んほどに嬉しゅうおました。良ちゃんがデビュウしやはったとき、その頃、あたしも会社に入りましてん。だからやね、良ちゃんが他人とは思われしまへん。あいぼしのことで、東京の本社に連絡したついで、と言うたら悪うおますけど、良ちゃんの消息を聞きよ

りましたら、今、松竹の映画で、京都の太秦《うずまさ》撮影所にいる、いうこと聞きましてん。早速にでも会いたいもんや、と思うておましたが、あいぼしの宣伝に追われて、太秦言うたら目と鼻の先なのに、行かれぇしまへんでした」

「あの、あいぼしの宣伝って、あなたは」

「そうでんがな。戦争には負けました。世の中、人心、頓《とみ》に荒廃しとります。ああいう、ロマンティックな恋愛もの、殊に高峰秀子、池部良の組み合わせいうたら、お客にとって垂涎《すいぜん》の映画と違いますか。これが当たらなんだら、どない写真作ったらええのか、うちの会社の制作者は、頭の悪いのが揃っておますさかい、もう、何んにも考えられやしまへん。自殺してしまあな、あかんですわ」

「あの、すいません。うちの会社って東宝のことですか」

「何、言うとるの。せんから、そう言うてまんがな。これでも、あたし、京都東宝会館の宣伝部長しとりますでぇ」

「京宝の宣伝部長さん?」

「そうでんがな。部長言うても部員をかねよりますから一人です。しもた、良ちゃんとは初めてお目にかかるわけだ。あたし、角倉、言います。お見知り置き下さい」

「初めまして」とお辞儀を返した。やっと、彼の素姓が解り、胃袋につかえていたガスが抜けたようで、さっぱりした気持ちになった。

「良ちゃん、どうでっしゃろ。良ちゃんの無事な復員のお祝いとあいぼしの興行成功を祈願して、不肖、角倉、一献差し上げたいと思うのですが、あたしの家まで、付き合うてもらえんやろか」

言葉が丁寧になったり乱暴になったりしているので、些か「うさんくささ」を感じないわけでもなく、中学時代の修学旅行のときの商船学校の学生が頭に浮かんでは来たが、角倉さんの太い眉、大きな目、赤ら顔に漂う人柄の良さみたいなものにほだされて、「では、では」とお供することになった。

町の名前は忘れたが三条大橋か東山の方へちょっと行った横丁の、古そうな一戸建ての家に案内された。

小さな玄関を上がると、すぐに六畳の畳の間になっていて、柱時計、平たいガラスの傘を被った裸電球、何焼きだか知らないが乳白色の地に緑色で松の葉をあしらった火鉢、年代ものの桐簞笥《きりだんす》ひと棹が目についた。

「あたし、独り者ですさかい。何も御馳走でけへんけど、誰方《どなた》か、然るべきお方が来やはったら、飲んで頂こう思って、とって置いたウイスキーがありますねん。今どき、正に貴重なウイスキーですわ。良ちゃんの足を踏んだのも、正にその人に巡り会うたと言うわけでんな。仕度しますわ、ちょっと待っておくれやす」

縁側には午後の陽の光が強く差していた。

台所から現われたら、彼の両手に薬缶、ビール瓶中瓶ほどの薬瓶、三角に折られた薬包紙が摑《つか》まれていた。

「これな、ウイスキーの素《もと》、言うて滅多なことでは、手に入らんのでっせ」と言って、彼は胡坐《あぐら》をかき、薬包紙を開いて、二つのコップに褐色の粉を入れた。

それに薬缶の水を、コップ三分の一、注いでから薬瓶の透明な液体を足して箸で掻き回した。コップの水は薄い紅茶色になった。

「さて、乾杯、しまひょか」

角倉さんは、僕に構わず、くいーと飲み、はあっと息を吐き、げぼっとげっぷを吐き、

「うまいわあ」と言った。

「良ちゃんも、やりなはれ」と督促されたから、まずスコッチウイスキーのあの咽喉越しを想像してから、彼の真似をして、ぐーっとコップ半分を一気に飲んだ。

ウイスキーの塊が胃袋に落ちるまでもなく、胸の中は火がついたようになり、止めどなく咳こみ、涙は出る、よだれは出るの大騒ぎとなり揚げ句の果ては昏倒してしまった。

「良ちゃん、あきまへんか。無理もないわな。五年も兵隊に行きはって、栄養失調になったと聞いとりますさかい。ウイスキーを受けつけんのと違いまっしゃろか」と言って背中を擦ってくれたが、片手からコップを放さず、くいっくいっと飲んでは、はあっと息を吐き、げええとげっぷを出している様子だった。

しばらく経って、少しばかり正気になったから「角倉さん、このウイスキーは強いな。どこの?」と息絶え絶えになって聞いたら、呂律の回らない口で「これ、ウイスケとは違いまっせ。そう言うたがな。ウイスケもどき、言いますのや。メチルアルコールと水、それにウイスケの素《もと》ちゅう粉を入れたもんですわ」と言う。彼はビール瓶中瓶一本のメチルアルコールを、一人で飲み干してしまったらしい。

僕は激しい頭痛に襲われ再び昏倒した。

翌日の昼頃、その場で目を覚まし、どうやら意識を回復、角倉さんは、と見たら、柱時計の下に「く」の字になって口を開け鼾《いびき》をかいていたが、夢を見たのか、起きたのか、半眼開いたと思ったら、

「メチルアルコール、言うたら、飲むと目え潰れるか、死ぬかの、どっちかやってて聞いたことありますな。池部はん、あないなもの飲んだら、あきまへん、あんたは、前途、洋々、大二枚目、大スターになるんですからな」と細い声で言い「死んだら、あきまへんでぇ」とつぶやいて、どさりと倒れた。

昼の太陽が、がんがん縁側に差していた。

その日の撮影はどうしたものか、忘れたが死に損なったことだけは、よく覚えている。

好きな屈辱の酒

復員して三年後、東宝映画『暁の脱走』（谷口千吉監督、山口淑子さんと共演）の撮影にかかる頃だから、昭和二十四年の夏。

しばしば撮影所内で見掛けるアメリカ軍陸軍少尉の白人に声をかけられた。

背は僕と同じぐらいだからアメリカ人としては小さい方。栗色の髪毛、西洋人参みたいな顔立ちの男だった。

全てが進駐軍の制圧下にあったから、アメリカ将校が、撮影所内をうろうろしていても珍しい風景ではなかったが、むしろ、何かを探りに来ているんじゃねぇか、と彼と出会う我々は、いやな気持ち以上に戦々恐々としていた。だが探りを入れると言っても探られるものの見当がつかない。

じゃ若い女優でもお目当てに来ているのかと噂をしていたが、女優の中に彼から声をかけられたとか、悪戯されたという被害の話は出ていない。

女優さんと言ってもピンからキリまである。戦争に負けてしまったから、みんな草臥《くたび》れていて「キリ」ばかりの観があったから、お目当てとして狙っているとすれば、余程、下手物《げてもの》好きな野郎だぜ、とひそひそと話し合っていた。

誰も、まともに「あなたは何が目的で撮影所に来ているのか」とは聞けない。下手に聞けば、たちまち「カモン」とやられ、持って行かれてしまう可能性がある。持って行かれる先は、何処か知らないが罪状次第では、沖縄に送りこまれ重労働させられる、とは聞いている。

『暁の脱走』の一場面、中国国民党軍の捕虜になった三上上等兵（僕が扮している）が鍵のかけられた部屋で「生きて虜囚の辱めを受けず」、この戦陣訓の一節を何回も繰り返し悶々《もんもん》としているところの撮影を終え、ステージの小さな出入り口を潜って表に出たら、「ミスターイキビ」と細い声で言う人参少尉にぶつかった。上半身を持ち上げたら、彼の顔が僕の顔の二十センチ前にあった。三年前、それまで、アメリカ軍と戦ってはいたが敵の姿を見たことがなかったから、二十センチ前の「敵」の顔には驚き、且つ不愉快になった。

「YES」と答えた。いくら英文科卒であっても敵の言葉に迎合することなく「そうだ」と堂々日本語で返せなかったのが残念なことだった。

「私は、あなたのファンです。従ってあなたに会いたいと思い、軍務の許す限り、この東宝撮影所に来ました。しかし私は、あなたを見ると、唇が震えて、何も話しすることが出来ませんでした。私はあなたのこと、調べました。あなたは東京生まれです。素晴らしい都会人です。それにあなたは陸軍大尉でした。私より二つ上の階級です。頭の良い、勇猛な軍人であったことに尊敬の念を抱かざるを得ません」

八年前、立教大学在学中はイギリス人の先生に、付き切りで英語を教わっていたから、かなりの理解力も知識もあったはずだが、生きるか死ぬか、それだけに頭を使って八年を過ごしてしまったから、最早、英語の「え」の字は何んとか出ても「いご」は全く脳裡に浮かんで来ない。そんなことを言ってるんじゃないかと、想像しながら、彼が訥々《とつとつ》としゃべる英語を聞いた。

「ミスターイキビ。今晩、あなたに暇な時間がありますか」と聞く。

「暇だったら、どうするんだ」と日本語で言おうとしたが、又しても「YES」と口に出してしまった。

外人を見れば、こっちの意志に関係なく「YES」と言ってしまう典型的な日本人の悪い癖を現わしてしまったのは口惜しいことだった。

「ミスターイキビ。私は意を決して、あなたを横浜の第八軍将校クラブに御招待するものであります」と人参少尉は、赤皺だらけの顔を更に皺だらけにして言う。

招待されるのも悪くないが、招待する側が元敵だから、敵に招待されたところで嬉しくも痒くもない。痛むことだけは事実だ。

「如何なる理由で、招待されるや？」となけなしの英語で訊ねたら、

「本日は、わが連隊が創立された記念日であります。私は、あなたのことを連隊長に話しました。現在、日本で唯一人の若きホープ、若き鷲、美しき容貌《ようぼう》の所有者、そして芸術的演技をする俳優であることを」

「ちょっと待て」と僕は英語を使い、手で制した。

「最初に言った君の言葉では、招待される理由にはならない。何故ならば、僕は日本人であってアメリカ人ではないから、勝った国の軍隊の創立記念日に出席することを快《こころよ》しとしないことは明白であること。第二に美しき、若き俳優とおだててくれるが、敵におだて

られるほど、僕自身は落ちぶれてはいない。国は、確かに落ちぶれたかも知れないが、それは僕個人の問題ではない。依って招待されるのは困る」

英語四分の一、日本語四分の三で話したから人参少尉に通じたか、どうかは怪しい。

だが招待を受ける決心を促進したのは、

「ミスターイキビ。私は、あなたが私の招待を受けて頂ければ、私は全力を尽くしてあなたをもてなします。まず、テキサスから用心深く運んで来た素晴らしい牛肉、五百グラムでも一キログラムでも食べ放題、アメリカが世界に自慢の出来るバーボンウイスキー、これも飲み放題。如何でしょう。是非出席して下さい」の数言だった。

彼等を敵と思い仇と思い、我が国のみじめな社会状態、東京生まれの男の矜持、そんなことが混じり合って頭の中を走り回ったが、食い放題、飲み放題といった言葉が耳を突いた瞬間、招待されて「自分」を楽しませてやりたいと思った。甚だ軽薄な日本人の心情だとは知ったが、知った程度で、それを覆《くつがえ》すような力はなかった。

撮影が終わる六時に、人参少尉は、いつも乗って来るジープではなく「デソート」と言う乗用車を運転して現われた。

初めて乗るアメ車に国力の差を感じたが、この際、一切合切《いっさいがっさい》、目を瞑《つむ》ることにして助手席の人となった。

第一国道に入ったら、人参少尉は座席の間に挟《はさ》んであったウイスキーの瓶を引き抜き、片手で瓶の蓋を取りラッパ飲みにして、ごくごくと飲んだ。

「ミスターイケベ、試みて下さい」と言う。酒が入ったせいか、池部を「イケベ」と正しく発音するのに驚いた。敵のウイスキーだとは、心の何処かに、棘《とげ》のようにあったが、拘わりは捨てろと言い聞かせ、瓶を受け取り、真似してラッパ飲みをした。三回、飲んだら胃袋が、火事場のように熱くなり、六回ばかり咳こんだ。

だが、そのうまさは、これまでの生涯に、かつてないものだったから、うっかり我を忘れてラッパ飲みを続けてしまった。

「ミスターイケベ、Here we are」と言う。

桜木町駅近く、ガードを潜った先らしい。

将校クラブと看板が出ていたが、倉庫を接収したと思われる建物だった。

人参少尉がドアーを開け「どうぞ」と言うから「ＯＫ」と言って入った。

向こう正面に日本人のバンドがジャズを演奏していて、その前には細長いテーブルが三本あって、それぞれに五、六十人ばかり将校と家族が既に御機嫌よく食べ、飲みしていた。

人参少尉が連隊長に紹介する。連隊長は真っ白な口髭を生やした人だったが「君は、大尉だったそうだな」と英語で言うから「然り」と答えたら「では大尉として待遇する。創立記念パーティーに日本人の身を顧みず出席してくれたこと、心から感謝する」と言い「存分に飲み給え。我がステートの宝、バーボンウイスキーを」と言って瓶とコップを渡してくれた。

その後の記憶は定かでない。

身体が、ひどく揺れるから、気分を確かめたら、電車の中にいるのに気がついた。

RT6と称する進駐軍専用車に乗っていた。負けた国の俺が、何んで、こんな忌わしい進駐軍専用車に乗っているんだ、と前後の記憶がないまま悔悟とも反省とも怒りとも消沈ともつかないことを口の中でぶつぶつ言っていたら、やたらに頭が痛く、吐気がして来た。

「大丈夫ですか？　池部良さん」と明瞭な日本語が聞こえた。焦点の合わない目を向けたら、紛《まが》うかたなく日本人だった。

「いくら、ただの酒だって、あんなに飲んじゃ。あら、あら、正体がなくなってしまって。池部良さん。あたし、通訳なんですけど、私も、あの少尉にはひどい目に遭っているんですよ。あの、将校ね。ホモなんですよ。若い、ちょっとハンサムな日本人の男を見ると、引っかけに来るんですね。池部良さん、引っかけられたんですよ。でも、こんなに酔っぱらってしまったから、手の付けようもなく、私に送ってやれってことになったんですね」

そんな声が、痛い頭を右から左へと通って行った。

僅かに正気なところがあったと見え、日本人として、日本の若き有望な俳優として、江戸っ子のおやじの血を引いた男として、何んとも恥ずかしい、みっともない、さもしいことをしてしまったか、そんな思いが、萌《も》やしみたいに胸の底で蠢《うごめ》いた。

僕は、酒なら何んでも好きであり、それぞれを楽しく嗜《たしな》んでいるが、殊にウイスキーには目がない。

だが、バーボンウイスキーを飲む度に、こいつは屈辱の酒である、と思いながら飲んでいる。だから、あまり旨くはないが、あの変な癖のある匂いは四十数年前を懐かしむ手段にはなっているようだ。

それにしても振る舞い酒に酔った屈辱の酒、バーボンウイスキーは忘れられない。

ガンマンの匂い

ウイスキーに、バーボンと称する、玉蜀黍《とうもろこし》から作ったのもあることは知っていた。

当時、コップ半分のビールを飲むと心臓が早鐘を打ち、目の焦点が合わなくなってしまったから、好奇心だけに留めて、匂いも味も瓶の形も知らず仕舞いに過ごした。

『暁の脱走』のセット撮影をしていたときだった、と記憶しているのだが。

「捕虜になった三上上等兵は脱走も自殺も、思いのままにならず、悶々《もんもん》としてる」という場面の撮影を終えた夕方、「お疲れさまあー」とステージの小さな鉄の扉を押して表に出たら、「良ーさん」と扉の蔭から短刀《どす》の利いた男の声。ひょいと立ち止まり目を向けたら、大道具係りの組付き（セットの家とか部屋を作る大道具さんの現場の係り）の源《げん》さんだった。

三十三、四。背の高い筋肉質な身体、精悍な顔、髭の剃り後が青々としている。スターでも、大道具の組付きさんに睨まれると、碌なことはない。怖る怖る「なーに？　源さん」と聞いたら、「ちょっと話があんだ。顔、貸してよ」と言う。そら来た、の思いで彼が歩く後に付いて行った。
ステージの角を曲がったところで「良さん、頼みがあんだけどよ」と言って足を止め、僕を見据えた。

「え？」と嗄《しわが》れた声を出して見上げたら、

「会長になってくんねぇかな」と言う。

「会長？　何んの？」と問い返した。

「俺さ、撮影所の中で、がんまんくらぶってぇ会作ってんのよ」

「我慢競べの会？　そんなものの会長なんて僕にゃ、無理だよ。敏《とし》ちゃん（三船敏郎君のこと）にでも、頼んだら？」

「駄目だ。敏ちゃんは力はあるけど、運神《うんしん》がねぇもん。第一、我慢競べの会じゃねぇのよ。ガンマンってさ。アメリカの西部劇に出て来るじゃない。早打ちマックとか、ビリー・ザ・キッドとか、なんてさ。あれよ。ピストルの早打ちで、正義の男がいるじゃない？」

「ピストルの撃ちっこする会なの？」

「本物じゃないよ。モデルガンだけどさ。ガン捌《さば》きの腕を磨く会なんだ」と言った。

何んだ、かんだの末、彼の上から射す眼光に射竦められ、会長職を引き受けてしまった。

「引き受けたって、僕、ピストルは持ってないし、ガン捌きなんてやったことはないよ」

「任せといてよ。ガンは、会長になってくれた御礼にさ、俺、手放したくねぇんだけど、愛用のトリッガーを柔らかくした、バランスの良い、銀作りのマグナムを進呈しちゃうよ。ガンベルトも、お負けだあ」と言って、にっと笑った顔は、無垢の少年のようだった。

「ところでよ。まひとつ、頼みがあんだけどさ」と言って、彼は合掌をし、頭を三度下げた。「実はよ。七月の終わりによ。我がガンマンクラブで、大実演大会をやるんだけどさ。それにゃ、ウイスキーがねぇと様になんねぇのよ。ウイスキー、たってアメリカのバーボンって奴だ。俺達で作んだけど、バーのカウンターに片肘、載せてさ、片手でバーボンの瓶の首を摑《つか》んで、ラッパ飲みにする。一口、ぐっとやると、口ん中あ、火事場みてぇになる。思わず頭を小刻みに振っちまう。すると、そんとき、悪者のガンマンがやって来やがって、俺に因縁をふっかけて、奴の右手が、腰のものにかかるか、かかんねぇかってときに、俺が、それより早く、ホルダーから引き抜いて、一発で、奴を倒す。かっこ良いんだな。その後、銃口の煙を吹いて、バーボンの瓶を鷲づかみにして、又々、ラッパ飲みするんだ。こいつは、同じバーボンでも、とんもろこしで作ったバーボンじゃなきゃあ、かっこになんねぇのよ。良さん、大学出でさ、英語が出来るってぇじゃねぇの。進駐軍に渡りをつけて、バーボン五、六本、買ってもらえねぇもんかと思ってさ」と言う。

僕は、自分の顔の前で、手を左右に振った。

「源さん。僕はね。戦争中、ニューギニアでアメリカの潜水艦、艦砲射撃、爆撃なんかでひどい目に遭ってんだ。だからアメ公は嫌いなんだ。アメ公に頭下げてさ、ウイスキーを買うなんて、死んでも、ごめんだな」と言った。「駄目?」と源さんは低い声で言い、合掌した手を下ろし、ぎろりと目を剥いた。

とどのつまり、あちこちと手を回し、横浜の桜木町にあったアメリカ軍第八騎兵師団の将校クラブから、一ダースのバーボンウイスキーを手に入れ、源さんに渡した。

「有り難え。恩に着るよ。幾ら?」と聞くから「いいよ、クラブに寄附するよ」と返事した。それだけの話。

七月が終わり、八月九月が過ぎたが大実演会開催の知らせはなく、勿論、会長に対する招待の話はなかった。

バーボンの独断と偏見的な、だが魅力ある香りと味を覚えたのは、それから五年も後で〝自前〟で知ることになる。

エレン・ビヨルクとの出会い

一九五五年、夏近く、専属契約をしていた東宝株式会社の役員が、「六月の終りから二週間、ベルリンで戦後、初の世界映画祭が開かれますが、そこへ出席して下さい」と言う。杓子定規みたいなおっしゃり方だが東宝の体質だから致仕方なしと思い「大変、結構です。行きましょ」と返事したら「会社には余分な金はありませんので、ともかくも御一人で行って下さい。費用は安心して下さい。飛行機往復運賃、予約してあるサボイホテル・シングルルーム十四日分は支給致します」と言う。いくらお金に関して渋い会社であろうと戦後社会の情勢が悪かろうと、「スター」をたった独りで映画祭に出席させるのはいかがなものかと抗議したが受け付けてもらえず揚げ句の果て、僕自身が主演していた中国の伝説を映画化した『白夫人の妖恋』（豊田四郎監督・山口淑子さん共演）の全二十数巻のフィルム缶を持たされ羽田飛行場を発った。飛行機はプロペラ機。かつて大学でドイツ語をほんの少し囓りはしたが、懐中にした、ほんの少々のドル札に重ねて心細いこと一通りや二通りではなかった。

ベルリン映画祭の会期二週間の間、参加国十六ケ国が毎日交替で主催者となりパーティーを開いた。招かれた国の出席者のテーブルにはその国の国旗を飾るのが決まりになっていた。

アメリカなぞ、五、六十人の出席者があって大デレゲーションを組んでいたから星条旗の立つテーブルが幾つもあった。ゲイリー・クーパー、バート・ランカスターなどの顔も見えた。

十年前までは敵だった、とは思ったがファンの女の子のように胸を弾ませたのは遺憾なことであった。十六ケ国中、出席者の一番少ないのは我が日本国だった。スターであるところの池部良一名とは情けないことだった。

三回目のパーティーの時だったか、いつも隣りになるデンマークの席から背の高い、プラチナブロンドの髪毛。北海の海のような瞳。スカンディナビアの空気の色か、底が抜けるほど白い肌をした女の子が僕のテーブルに近づき、僕にも良く理解出来る、上手でない英語で「日本からの出席者は、あなただけ?」と聞く。

僕は礼儀として立ち上がり、彼女より更に程度の低い英語を駆使し、「然り、私はたった独りで遠く、極東の日本国から来ている。自己紹介します。私は日本では有名な俳優、イケベリョウであります」と言ったら、「あたし、デンマーク、コペンハーゲン王立劇場の専属女優、エレン・ビヨルクと言います。あなたはいつも独りで淋しそうです。私達のテーブルに来ませんか。みんな、良い人ばかりです」と言う。

それからのパーティーには日の丸を置き去りにしてデンマークの仲間入りをさせて貰った。

会期も残り少なくなった日の、アメリカ主催のパーティーで「あたし達、七月十八日、ベニスに行きます。差し支えなければベニスで御一緒しませんか」とエレンが言う。金は情けないほどしか無いのは解っていたが、こんな「まさか」みたいな誘いは、この先の人生にあろうとは思えなかったから忽ち「喜んで」と答えた。

七月十八日、午前十一時二十分。ゴンドラを降りて、教えられたホテル、「ペンション・アカデミア」の波打つ石段に足を掛けた時間。

この時間は今でも覚えている。彼女達は既に来ていた。エレンが両手を大きく広げ、可愛い庭の石畳を駆けて来て迎えてくれた。

毎朝、庭先で朝食を終えるとモーターボートのバスでリド海岸に行き、ワインつきの弁当を食べ、三時半頃戻って来る。夕食は七時過ぎ、サンマルコ広場のあちこちで食べた。

二日目の夜、「リョウ。デンマーク大使館から紹介して貰いました。食事を済ませたらジョン・バーというバーに行かない?」と彼女が言う。

ジョン・バーはサンマルコ広場の運河沿いを、ちょっと小道に入った処にあった。ドアーを開けたら白人の男女が三、四十人、立ったまま酒のカップを手にして談笑している。

狭い店内、煙草の煙が霞のように棚引いていた。「この店は世界の金持ちか、有名人でないと入れてもらえないの」とエレンは言い、「リョウ、何、飲む?」と聞くから、ウイスキーの水割りと言ったら「そんなもの飲むのはアメリカ人か日本人しかいないわよ。あたし、恥ずかしい。ジョン・バーに来たんです。カクテルを飲んで頂戴。それが正しいことなの」と言い、注文しに人を掻き分けた。やがて太った背の低いバーテンダーが足つきのグラスを両手に一つずつ持って来て僕達に手渡し「ジョン・バー・ギムレット・ナンバーワン・イン・ザ・ワールド」と英語で言う。これがギムレットとの出会いの最初になる。

「ギムレット」、粋な名前だと思った。

塩を舌に残して一口含んだギムレットのうまさは、ハードボイルド小説の作家レイモンド・チャンドラーが作中の人物マーロウに「やわらかさと甘さと鋭さが一緒になっている」と言わせているが、僕も全く同じ意見。

いずれにしてもギムレットをカクテルかと一笑に付して貰いたくない。

香りも、味も、そして誇りの高いカクテルだと思う。

KØBENHAVNにて

ベルリン映画祭に参加したとき、会期中、日本国から派遣された、たった一人の代表を哀れに思ったのか、お互い、程度の低い英語のやりとりに通じ合うものがあったのか、デンマークの女優さんを含めた七人の代表団からは涙も止める暇のないほど嬉しい心遣いを、沢山貰った。

会期も七日ばかり過ぎた頃、デンマーク人の心遣いの嬉しさは感激に変わり、ついぞ懐具合の貧しさも気に留めず「お世話になっている御礼です。日本料理と思ったが、見当たらないので中国料理屋にお招きしたい」と伝えた。

翌日、夜七時、会場になっているホテルの真向かいにある中国料理屋に集まって貰った。

三時間後、一同、口々に「お世辞抜きにして非常に美味なる食事と芳醇な酒を飲ませて頂き有り難う」と御礼を言われたが、彼等は日本も中国も同じ国だと思っているのではないかといささか、がっかりしていたら、海象《セイウチ》みたいなプロデューサーが立ち上がり、「Mr.Ikebe突然の提案ではありますが、我がデンマーク国に来て頂き友好の思いを交換したいと思います。御招待したい。いかがなものか」と言う。

「有り難いことですが」とまごまごしていたら

「私達は映画祭に代表団として出席しているため同行出来ないのは残念ですが、明日にでも、一人で行って頂きたい。飛行機の切符、ホテルの宿泊費は私達が提供します。まことに都合の良いことに私の従弟がグランドホテルのバーテンダーとして勤めています。委細は彼に世話するように伝えておきます」と言う。冗談じゃない。僕だって代表団で出席している。明日は、とても無理だから御好意だけを頂戴して、と言ったつもりだったが通じない様子。

翌日、午後二時三十分、ベルリン・テンペルフォーヘン空港から中型プロペラ機に乗せられ四時近く、三十人の乗客に混じってコペンハーゲン飛行場に足を着けた。タラップを降りたら、輝いてはいるが薄い日の光の中に呆然と立ち竦《すく》んだ。爽やかだが冷たい空気にトレンチコートの衿を立てた。いつの間にか一緒に降りた人達の影もない。

コペンハーゲンのグランドホテルに行けと言われている。バスでもあるんだろうかと不安に駆られながら歩き出したら「ミスター・イキビ？」と大きな声で大男が駆けて来た。首の根元まで伸ばしている金髪が靡《なび》き、ブルーグリーンの目はどこを見ているのか見当がつかない。

「あたし、名前、ヨン・ヘアネング、昨晩、従兄から電話で、すばらしい文化人であるところのあなたのこと聞きました。あたし心から歓迎します」とたどたどしい英語で言う。僅か三品の中華料理を御馳走したのに、すばらしい文化人とは恐れ入ったが、まずは「有り難う」とつまずきそうな英語で御礼を述べ「コペンハーゲンの街はここから遠いのでありますか」と聞いたら「コペンハーゲン、と言わないで下さい。KØBENHAVNと書きますから、正しい発音はキヨウベンハーフンです」と訂正し「車で一時間半ぐらいです」と言った。

一九三〇年代ものとおぼしき箱型の自動車はポプラや針葉樹が点在する麦畑の丘陵の間を、埃の尾を引いて走り、突然、さして広くない石畳の道路に入った。自転車で往き交う人達でいっぱいだった。古い石造りのホテルの前に止まる。「どうぞ降りて下さい。車は社長のですから返して来ます。入って左側にあるバーのカウンターで待ってて下さい」

バーの厚い木のカウンターに向かって腰かけ、十五分経ったら彼が白い上着を着て現われた。

僕の背中になるテーブルにいた二十人ほどの白人の一団が一斉に喚《わめ》いて彼に注文をする。

「Wait please」と制しながらカウンターの板を跳ね上げて潜り、僕の前に立った。

「まずは歓迎の挨拶にデンマークの酒、アクアヴィットを一杯、差し上げたい」と言う。足付きの小さなグラスに透明なウォッカのような酒を注いでくれた。「アルコールの度数はウォッカと同じですが、ウォッカの田舎の匂いとは違って、ハムレットの悩みに似た繊細な香りと味がします」とヨン君は言った。

なるほど、アルコールの強さには驚いたが、ヨン君の目の色のような爽やかさが口の中に広がった。ヨン君がウインクしたら、アメリカ人御一行様の一人が「それはなんだ」と聞くから「デンマークの酒、アクアヴィット。これ飲まずしてアメリカに帰れば罪を犯すことになる」と答えた。「しからば試みてみたい」と口々に言う。ヨン君は彼等にアクアヴィットを配った。

「いかがか、味は?」僕が聞いたら、十五秒の時間があって、アメリカ人は、どっと立ち上がり「ヤエ・エスコ・ダアイ」と何遍も合唱した。

「彼等、何を言ったんだろう」とヨン君に聞いたら、デンマーク語でI love youと言っているのだと言う。「大分、意味は違うけれど、誉めたつもりなんでしょう」とヨン君は嬉しそうに言い、僕に二杯目を注いでくれた。

翌日、ベルリンに戻った。キヨウベンハーフンは素敵だったと代表団に報告しておいた。

〝第三の男〟のバーで

ワインへの想いは戦前の学生時代に始まる。

大学も官立を受けたが悉《ことごと》く失敗の浪々の身を託《かこ》っていた夏の日。新聞広告で立教大学予科二学期（九月）、二十五名、募集というのを知った。とにかく受験。とにかく合格した。

入学して驚いたのは同時に合格した二十四名の過半数が牧師の候補生だったことだった。みんな真面目で気持ちの優しい、頭の良い連中だったが牧師になる勉強は、お節介から始めるのだろうか、過半数の誰もが僕と顔を合わせる度に「君、卒業したら映画監督やりたいって言うけど、あんな道楽仕事するより、もっと世の為、人の為になる道を選び給え。牧師になりませんか」と言う。「牧師だけはいやだ」と言ったら「じゃ、せめてキリスト教に帰依し給え」と言う。

江戸っ子のおやじの血を引いているから、もの事を深くは考えない癖がある。

「じゃ、せめて」と翌々日洗礼を受けた。

毎日曜日の早い朝、聖餐式があって、教会の聖壇に跪《ひざまず》き、キリストの血とパンをチャプレンの手で授けられた。血は赤葡萄酒、パンはウエファースだった。

聖壇では十五人ほど横一列に並んで授けられるのだが僕は讃美歌が終わるか終わらない内に聖壇の十字架に向かって一番右端に跪く努力をした。葡萄酒をいっぱいに注いだ大きな銀カップを持ちカップの縁をこちらの唇に、ちょっと添えて、ほんの少し飲ませて下さるチャプレンの手を、ぐっと摑《つか》む。チャプレンは驚かれながらもカップの底を上げられまいと懸命になるが、若者の力はチャプレンの比ではない。ぐいと引き寄せたカップから、たっぷりと葡萄酒を頂く。この術を覚えたからだ。もし、のろまにも左の端に跪くことになれば葡萄酒の香りのする十何人かの唾液混じりの赤い水を頂かされることになる。

朝早く存分に頂戴したお蔭で、ほろ酔い機嫌になり葡萄酒の味と香りはキリストに思いを馳せることになり感動そのものだった。

ベルリン映画祭の帰途、フランス語もドイツ語もままならぬまま、闇雲に、かねて憧れていたオーストリアのウィーンを訪ねた。どうやって辿り着いたものか、ともあれ、日本公使館のドアーを叩くことが出来た。嬉しいことに公使にお会い出来、ウィーンのさまざまな事を細かく教えて頂いた。公使の御親切に涙を溜めたら「取り敢えず、時間も良いですから、最近出来た名物酒場に行って御覧なさい」と言う。

「アントン・カラスが野天の酒場を作りました。ここでオーストリアのワインを飲むのも一興じゃありませんか。私どもは仕事があって御一緒出来ませんが、道は近くて簡単ですから」と言われタクシーの馬車を呼んでくれた。サイドに黒い目隠しをされた馬は首を縦に振り振り歩く。馭者の爺さんと僕の間には通じる言葉がないから会話はない。晴れていたが漸く暗くなり始めた石造りの町を出て石畳の坂道を上って行く。ワルツも聞こえないし、青きドナウ河を渉る微風もなかった。

ずい分と高く曲がりくねった道にさしかかったら馭者の爺さんが「コンメン、カラスバー」とどなって馬車を止めた。

左右二十メートルばかりの鉄棒の垣根、それに沿って低い針葉樹が植えてある。門を抜けると庭の中央に四本柱、吹き通しの東屋《あずまや》がありその周りを鉄のテーブルが三、四十脚取り囲んで、七分目ほどに入った客が静かに飲み静かに話していた。

僕はたった一人の客だから遠慮して隅っこのテーブルに坐ったら白いエプロンを掛けた若いウエイターが来て何か言ったから「ヤア」と答えたら、すぐさま葡萄の蔓《つる》と葉をかたどった鉄の捻《ねじ》れた棒に、明治時代の底深い電灯の笠みたいなガラス器を釣り下げた「もの」を持って来て赤ワインの瓶一本をごぼりと注いだ。

ウエイターはワイングラスを「笠」の底に当てがうとワインが音もなくカップに入って来た。戦前、日本で便所の外に釣るしてあった「手洗い水」入れのバケツと同じで、バケツの底にぶら下がっている長い鉄の針を手の平で押し上げると弁が開き水が出る。あの式だった。

突如、東屋に明りが灯り背丈の低い小肥りな男が、そこにあった大正琴のような楽器を弾き出した。「楽器はチター。曲は映画『第三の男』の主題曲。演奏者は作曲したアントン・カラス」だと隣りにいたアメリカ人のおばさんが教えてくれた。

曲を耳にしてワインを一口、二口。銘柄も製造年も通ったものではなかったに違いないが、ヨーロッパで飲むワインの雰囲気を十分に味わえたような気分になった。

ワインは「おいしい」と誉めるだけでは能がない、ということだ。例えば「乙女が馬の遠乗りから帰って来て、腿の間にかいた汗のような味わいと香り」といった具合に誉める表現が好ましいのだそうだが、カラスの酒場でのあのワインは何と言ったらいいのか、ただただオーストリヤの歴史に見る絢爛と攪乱に裏打ちされたロマンと悲しみ、そして心の寛い音楽、を僕に想わせてくれた。

ワインを飲む度に、こんな懐かしさを一緒に楽しんでいる。

Mr.チノの友情の印

前章に続きベルリン映画祭に出席し、閉会後、旅をしたときのこと。

国外に持ち出せる金は少しだったが、贅沢旅行と決めこんでベルリンを振り出しに、ウィーン、ユングフラウ、コペンハーゲン、パリ、そしてイタリーと歩いた。

それぞれの町に六、七日滞在。

学生時代、英国でお育ちですか、と聞かれるくらい流暢だったはずの英語会話も、二十何年を経過してしまっていたから、すっかり錆びてしまい、錆落としをすれば原型も無くなるほどになっていた。

他の国の言葉は、生まれたての赤ん坊よりひどい。言葉には泣いてしまったが、怪我も病気もせず、警察に捕まることもなく、パリからローマへと、飛行機で発った。

旅行の最終となったローマのホテルは、ローマ中央駅の附近だったと記憶している。古いが立派な建物だった。厚い、大きなガラスの回転ドアー。ロビーの天井は、吹き抜けになっていて、高い。床は真っ白な大理石が、広々と敷き詰められてあった。

フロントデスクも、いい木目が出ている木で作られ、重厚な感じで長々としていた。

ローマには五日間滞在し、六日目に、一旦、ローマを離れ、イタリーの何処かを、三、四日見物。その後、ローマへ戻って、ローマから日本に帰ろう、というプランを考えた。

二日目の昼前。フロントに行った。

デスクの中にいた、黒のジャケットに白、黒の縞《しま》のネクタイを付け、縞のズボンを穿いた肥り気味、短軀の男に、哀れな英語で「私は、斯《か》く斯《か》くなるプランを持っている。何か、良きアイデアはなきか」と訊ねた。

男は真っ黒な髪毛をきちんと七、三に分け、長すぎる顔に、整えた口髭を蓄えていて、目は緑色、濃い眉毛。見方によっては、美男と言えないこともない。判断が難しい。

「私、チノと申します。サブマネージャーでございます。日本の若い、ハンサムなお客様のお話の趣、委細承知致しました。私、チノにお任せ下さい。私、チノにお任せ下さい。私、後十五分致しますと、私の休憩時間が参ります。若い、ハンサムなお客様、あちらのバーで、私を待って頂けましたら、私、大変に幸せでございます」と言う。

小川の細流《せせらぎ》のような英語だったので、内容は確《しか》と摑《つか》み切れなかったが、口を開けて聞き惚れた。

フロント前のバーのカウンターに席を取って待っていたら、ものの一分も経たない内にチノ氏が現われた。

「お待たせしました。まずは、若く、ハンサムな日本のお客様に、マネージャーとして、友人としてお迎え出来る光栄の印と致しまして、私、チノ、シェリー酒を一杯差し上げたいと存じますが、如何なものでしょうか」と言って、彼は長い睫毛《まつげ》の緑色の目を、片方だけ瞑《つむ》った。

チノ氏は軽く手を叩き、若い神経質そうなバーテンさんを呼び、イタリー語で何かを言った。

チノ氏は、指先まで毛の生えている白い肌の手を、二つ揃えてカウンターに載せ、

「私、ナポリにお出になり、ナポリから美しい観光船にお乗りになって、カプリ島に行かれたら、如何か、と思っております。カプリ島は」と言いかけたところへ、バーテンさんが葡萄色と薔薇色を混ぜ合わせたような色の液体を七分目ほど入れた、足付きの小柄なグ

ラスを、それぞれの前に置いた。

「お近づきと深い友情のために。では、チェリオ」と言って、グラスの足を小指を放して抓《つま》み、僅かに持ち上げ、又もや、片目を瞑った。

僕もグラスを手にし、覚えたばかりの二つのイタリー語で、

「グラーチェ（有り難う）。オカピート（理解する）」と言ったら、チノ氏はグラスをカウンターの上に、そっと置き、両腕を大袈裟《おおげさ》に広げて、

「グラーチェ、グラーチェ」と大声を上げた。

僕は、シェリー酒をちびりと舐め、彼の熱の籠ったカプリ島行きプランを聞いていたが、いかに細流の英語でも、英語疲れしてしまったし、長い顔も見疲れしたから「了解、明日、再び詳細に聞きたい」と言ったら「さようでございますか。若し差し支えなければ、明日の夜八時、私、あなたに夕食を差し上げながら、お話を続けたく存じます」と言って、深々とお辞儀をして出て行った。

やれやれの思いで、シェリー酒を、ぐいと呷《あお》ったら、バーテンさんが、するっと寄って来て、嗄《しわが》れた声の、僕と大差のない英語で、

「イタリーでは、昼間、シェリー酒を飲む男と男、Homosexual Loveである。チノさ

ん、東洋人の男、大好き」と言う。

僕は危うく椅子から落ちそうになりながら、二度とチノ氏に会うまい、シェリー酒を飲むまい、と決心した。しかし、バーテンさんの言うことの真偽、正否のほどは明らかでない。

老酒と酔っぱらい蟹

戦後十年ほど経った日、東宝で中国の伝説『白夫人の妖恋』という映画（山口淑子さんと共演）が作られた。時代考証に香港の映画界から馬浩中という青年が招かれた。

僕より、ひと回りも年下だったが大変仲良くなった。若いのに博識、多才な人物だ。

僕が結婚し何年か経ったとき「たまには外国に連れてってよ」と言う家内に、「O・K、アメリカかな？」と聞いたら「あたし飛行機が大嫌いだから、そんな遠くは嫌よ」と言う。

では、と考え香港に居る馬君に連絡したら「アイ・ウェルカム。だけど、りょちゃん、秋に来るのいいことよ」と電話があった。

十一月上旬から十二月中旬の間が旬の、上海周辺の湖で獲れる淡水の「わたり蟹」に似た蟹が香港にも生きたまま送られて来る。上海人はこの蟹を食べたいために働いている。その蟹を食べるときは絶対に上海を中心にした土地で産まれる老酒でなければならない。この季節の蟹と老酒の組み合わせ、口にするならば目の前で財布を盗られても笑っていられると説明。

なるほどの思いで十一月半ば、飛行機に乗るのが怖ろしくて棺桶に入れられたような顔になった家内の肩を、しっかりと抱き香港に向かった。四時間半の飛んでいる間、家内はただただ生暖かい「もの」のように見えた。

香港の十一月は暑かった。馬君が出迎えに来てくれていた。

再会を悦んだら「悦ぶの、後よ。いま、蟹、食べるのことよ」とタクシーに詰めこまれ、九龍側のメインストリート・ネイザンロードなる広い奇麗な店が並ぶ道路で降ろされ、ちょっと横丁に入ったところ上海蟹専門店「大上海」の前に立った。「ここよ、おくさん、りょちゃん」と馬君は言い家内の背中を軽く押したが、家内は、まだ空中に居る思いにあるらしく鈍く二歩、歩いた。突然、大きな五十がらみの男が家内の前に立ちはだかり「カン、ワッ、ヌッ、リン、ケッ……」と、馬鹿でかい得体の解らない言葉を投げつけた。驚いたのは家内で、ぎっと悲鳴を上げ僕の胸に飛びこみ、ネクタイにぶら下がった瞬間、再び棺桶入りの顔になって腰と膝の力を抜いた。

「おくさん。どうしたのか。あのひと、支配人よ。あの人、おくさんみたいな、天女と同じ、奇麗な女のひと、見たのはじめてよ。いま、おくさんのためテーブル、奇麗に掃除する。三分十五秒、待てくれ、と言ったのよ」と馬君が通訳してくれた。家内は、〝天女みたいに奇麗〟の部分は、ちゃんと耳に入ったのだろう、生気を戻して、にっと笑い気持ちよく店の中に入って行った。

「りょちゃん、一番はじめ、〝ツイハ〟食べよう。そして〝ホンチュウ〟飲むの最高よ」と言う。

「何か、ツイハ、ホンチュウ」と僕。彼につられて僕の日本語はひどく、よろけた。

「ツイハは酔蟹、酔っぱらい蟹よ。湖で獲れた大閘蟹《だいこう》という蟹を、そのまま、少々の酢と塩を混ぜた老酒に漬けて一ケ月後ぐらいに取り出すと湖の縁に植えてある米を沢山食べた蟹の肉に老酒の妙なる味が滲みる。この肉をしゃぶりながらホンチュウ、即ち老酒を飲む。こんな贅沢は滅多にない。米、粟、きび、など土地によって原料は異なるが何れも麹を使って醸造した酒が老酒。本来は土地の名前、例えば紹興酒、蘭領美酒、あるいは菊酒、赤い色をしているから紅酒《ホンチュウ》と呼んでいる。この蟹には紅酒以外の酒は合わないのが

不思議。合いすぎるのも不思議」と言って真っ白なテーブルクロスに、
造酒春夏秋冬酒。売本東西南北人。

劉伶纔下馬。李白又登門。

人生光蔭花上露。江南風月酒中仙。

と書いた。どう読むのか、どんな意味なのか見当もつかなかったが李白だの劉伶だのと酒好きの名前や江南という字が出ていたから老酒を誉めた詩ではないかと推察しておいた。

「では、おくさん、よくよく香港に来たね」

「違うよ。ようこそ香港に来ましたね、だ」

「そか。違うか。でも僕、嬉しい。乾杯」

家内は慌てて手を振り「あたし、お酒、全然飲めません」と言ったら「そか。じゃ。酔っぱらい蟹で乾杯しようよ」と彼。酔蟹を注文した。

雛祭りの白酒を、ひと舐めしただけで失神する家内は酔蟹にどれほどのアルコールが利いているか、まるきり解らなかったから「では、蟹で乾杯」と言い、蟹の小さな脚を一本、毟《むし》って教えられた通りに関節を折り指でしごいた鼈甲《べっこう》色の肉を舌に載せた。

「まっ、おいしいっ」とささやかに声を上げたと思ったら、ごつんとテーブルに額をぶっ

つけ浅蜊《あさり》の深呼吸みたいな寝息を立てて眠ってしまった。「おくさん、蟹、食べて眠ったよ。大丈夫か」と馬君が驚く。「多分、大丈夫、だと思う」と言ったら、「そか、では二人だけで乾杯」ということになり酔蟹の身を啜《すす》っては老酒をごぼりと飲んだ。

老酒の咽喉越しの感じは上海人とまではいかなかったが「生きていて、そして東洋人でいて」よかったの思いが募り「うまいなー、この酒は」とテーブルを叩いたら、家内がテーブルにくっつけた目だけを開けて「おやすみなさい」と言った。

CAMPARI

三十数年前、独身の頃、とある事情があって帝国ホテルに独りで、二年間も住んでいたことがある。

正面玄関を入り左に折れた半地下に天井の低い落ちついたバーがあった。

いつの日だったたか、撮影を終えて帰り、まず一杯と、カウンターに腰かけたら、すぐの隣りに中年の白人カップルが僕に続いて腰かけた。

男はビールを飲み、女は薄いクリムソン色の飲みものの小柄なコップを軽く摑《つか》んだまま男に話しかけた。英語だかフランス語だかわからない。女のポニーテイルに束ねたブロンドの髪毛と顔の乳色の白さと、時々コップを見るサファイアのような瞳とクリムソン色の飲料とが、ほどよい対照を作った。

奇麗だと思った。日本人じゃ、こうはいかねぇな、と思った。

バーテンさんに、あの飲みものは何？　と小声で聞いたらCAMPARIってお酒で、アルコールの弱い飲みものです。オレンジの果皮などから作るんだそうですが二日酔いにはよく効くんです。お試しになりますかと言うから今はいいけどと断ったら、そらあ賢明です。カンパリは「愛を促進する」飲みものですから、今度、若い御婦人をお連れになったとき、その方に飲んで頂くと、愛を促進させますから、必ずや大成功ですよと言った。

何が大成功なのか見当もつかなかったが、飲んで頂く御婦人も見つからず仕舞いで結婚してしまったから、今日の日までカンパリには縁がなかった。でも、よくよく思い出してみると遠い姻戚ほどに御縁があった。

僕が小学校四年生のときの夏休みも終わりに近い日。おやじは風邪を引いた。吊った蚊帳の中で、汗をかくんだと言って掛け布団二枚、毛布を三枚かけて潜りこんでいたら、杉田医師が、いやあ、お暑いですなと往診に来てくれた。

「釣先生、そんなに布団を掛けて、無茶ですよ。とにかく風邪の水薬を持って来ましたから、まず、ひと口お飲みなさいな」

おやじは厚い布団から顔と手先を出して薬瓶を受けとり、又布団の中に潜った。

潜った、と思ったら忽ち布団を撥ねのけ、「先生、こらあ、うめぇ。いやあうめぇ。良に取りにやらせますから、お代わりを頼みます」と言った。杉田医師が「薬なんて、お代わりするもんじゃありませんよ」と言ったが、僕はその日、五回、風邪の水薬を取りにやらされた。

三日後、おやじの風邪は癒った。

その翌々日、機嫌よくおやじは、パリ帰りの絵描きさんの歓迎パーティーが上野の精養軒で開かれて、出席した。

おやじは夜も遅くなって、足取り怪しく帰って来た。玄関を上がるなり、握っていた瓶をおふくろに突きつけ、

「あいつがくれたんだ。この赤い酒はな、カンパリって変な名前の酒だが、一口飲めば、気分は大爽快。二口飲めば、特に女が飲めば、だな、下半身、忽ちとろけて男に傾く、と言う。どうだ、お前、飲んでみるか」とどなった。「馬鹿々々しい。遅いんですから、早く寝て下さいな」とおふくろ。

そして二日後、おふくろが高熱を出して寝こんでしまった。

「お父さん、杉田先生、呼んでこようか」と言ったら「ま、待て、風邪に違いない。風邪

に決まってる。よし、あいつから貰ったカンパリとかいう酒、俺が飲んだ風邪薬と、そっくりの味だったたし匂いも似てる。そっくりの味、同じ匂いってぇことは風邪薬だってことだ。貰いもんだから安上がりだ。あいつをお母さんに飲ませるか」とおやじは言う。

真っ赤な顔をして唸っているおふくろに、おやじは茶碗に注いだカンパリを三杯飲ませた。

おふくろは二時間ほど鼾《いびき》をかいて眠っていたが、突然、ぱきっと目を覚まし、「あなた」と叫んだ。居間にいたおやじは、発条《ばね》仕掛けのように立ち上がり、おふくろの枕元に行った。どたっと坐って、

「どうした、死ぬのか？」と大声を出した。

「あ、あなた、あなた昨夕《ゆうべ》は、何処へ行ったんですの」とおふくろは小さな目を、かっと開いて聞く。

「俺？　どこにも行かねぇよ。良と手伝いのあの娘《こ》と茶の間で話してた」

「嘘、おっしゃい。話したのは、あの娘とだけでしょ」

「え？」

「あの娘の、手かお尻か触ったわね」

「ばかやろ、俺が、そんな……」

「わかってます。前々から怪しいと思ってましたもの」

このやり取りは延々と続いた。

おやじは遂に堪らず、「勝手にほざけ」と言って居間に戻って来た。

「カンパリのせいかな。下半身がとろけて男に傾くってぇのが、悪く傾いちまったに違いねぇ」と独り言を言った。

おふくろの鼾が伝わって来た。

M・S君を偲ぶ

好きなカクテルと言えば、ギムレットだが、これを飲む度に、M・S君が目の前に現われる。

彼が冥界に去って、もう十年になる。

M・S君の経歴は、そんなに複雑なものじゃないが、大阪生まれの育ち、ということなのか東京人の僕には、理解し難い思考方法論を持っていて、しばしば戸惑いを感じるときがある。かと言って、変人、奇人ではない。

彼は僕より、少し年下。関西にある有名なお寺の息子さんだったが、お経読みを嫌がって、代を弟に譲り、映画館主の娘と結婚。義父の仕事を継いで、大阪とその近県に十五館も持つほど、大成功させている。

戦争中は、大学を出て海軍のパイロットをやり、特攻にも出撃した、と聞いている。彼が亡くなる数ケ月前、僕はT映画会社の仕事で、京都の御池の脇にあるホテルに泊まって太秦《うずまさ》の撮影所へ通っていた。

夏も終わりの暑い日の夕方。

Mが大阪から、車を駆ってホテルに訪ねて来てくれた。久しぶりだから嬉しかった。

「君が運転して来たの？　車庫入れも出来ない運転なのに、よく阪神高速が走れたね」

「池部はん。冗談が、きつうおまっせ。僕かて、元海軍中尉、戦闘機乗りや。自動車の運転ぐらい、お茶の子さいさいでっせ。でも、今日は、池部はんと、しっかり飲もう思いまして、運転手、付けてます。丁度、お時間もよろしいのと違いますか？　早う、一杯、飲みに行きまひょ。積もる話も、余計、有りますさかい」

「そうかね。そんなに話が積もってんの」

「ええから、ええから」

京都へ来れば、ここしか来ないという花見小路にあるバーに引っぱって行かれた。

元先斗町《ぽんと》の芸妓だった姉妹がオーナーで開いている、小ぢんまりしたバーだった。

「お越しやす。まあ、Mはん、お見限りどしたなあ。あら、こちら、池部良はん。ようこそ、お出やす」

Mと二人、カウンター前に並んで腰かけた。

「俺、ウイスキー水割り。ダブルのダブル。池部はんは？」

「僕も、水割りでいいけど、シングルにして」

「よろしゅうおす。ウイスキーは、何におしやす？」

「俺、何んでもええわ」

「僕は、カティサークにでもするか」

「さすがやね。僕みたいに、アルコールさえありゃ、ええのと違うわ。センスがよろし」

「別に、センスが良いってもんじゃないよ。ただ、酒なら、何んでもがぶがぶ飲むってのはみっともないと思うよ。第一、アル中になって早死するぜ。嗜みながら飲んで、それで酔えば酔え。これだな」

「ええこと言うわ。じゃ、何か、嗜めるお酒、教えてくれまへんか。但しやね、アルコールが強うないとあきまへん」

では、試して御覧よと言ったのが、ギムレットだった。

「ギムレットというのは、何んどす？」と姉妹が聞くから、作り方を教えた。

「へえ、コップの縁に、塩、載せて。へえ」と彼は、ひとしきり感心してから、がぶっと飲んだ。テキーラのアルコールの強さに、噎《む》せったが「こらあ、うまいわ。おいしいわ」を連発。十分の間に六杯もお代わりをした。

七杯目を唇に当てるや否や、椅子から、ずるりと落ちて床に大の字になって鼾《いびき》をかいた。結局は、運転手さんに担がれて大阪へ戻って行った。

数ケ月後、大阪でテレビドラマの仕事をしているスタジオに、Mの奥さんから、電話があった。「よんべ、うちのひと、死にはった」と言う。後は泣きじゃくる声しか聞こえて来ない。録画の本番を終えたのが、夜の十二時半頃だったから、朝を待って、池田にある彼の家に駆けつけた。

M・S君は、立派な布団に寝かされ、安らかな顔をして、目を閉じていた。

「池部はん」と奥さんが、僕を見ず、膝に涙を落として「うちのひと、死なはったのは、池部はんのせいや」と言う。

僕は驚き、二の句が継げなかった。

「四ケ月前、池部はんが、京都で、ギム何んとかいうお酒を飲め飲め、言うたでしょ」

飲め飲めとは言わなかったが、勧めたのは事実だから「まあね」と生返事したら「あれから、うちのひとはギムレットの大愛好者になり、毎晩、そればかり。うちのひとは去年から、ひどい高血圧だったから、塩分控え目、脂肪分は食べさせないように、注意してました」

「けど、センスのええ池部はんが教えてくれはったお酒やし、塩とアルコールが、よう合うて、うまいからと言うて、ついに昨日、血管を破裂させてしまった。だから池部はんの責任やと思うわ」ということになったようだ。そう言われれば、ほんとに責任を感じ、どう詫びたらいいのかと困り果てた。

ほんの時たまだが、独りでギムレットを飲んでは、彼を偲び、冥福を祈っている。

オランダの透明な酒

オランダ、アムステルダムから広軌鉄道の電車で二時間、最も南に下ったところにマーストリヒト（Maastricht）がある。古い奇麗な州都。一九八六（昭和六十一年）年六月、東京は暑さが躙《にじ》り寄って来ていたがマーストリヒトの街は、かなり寒かった。TVドラマ『再会』の撮影の為に来た。

「会社命令で取引きしたにも拘わらず会社幹部の政治家と結託した裏切りで背任横領罪に問われ生死も定かでなくなり、やむなくヨーロッパへ逃げたパリ支店長はインターポールに追われる身。逃亡中、同情するオランダの若い女性と生活を共にする。そういう父を捜しに追って来た娘と邂逅することになる。だが父娘は別れる破局を迎える」というストーリー。

娘を名取裕子君、父は僕。インターポールの刑事をスピーヘルというオランダの俳優さん。オランダの女性にはオランダの女優アンネ・カルファさんが演じた。

着いた翌日早朝から「逃げる支店長」、「捜し歩く娘」、「娘の後をつける刑事」といったシーンを街の中で撮影。監督の執拗な演出に追いまくられ、漸く日の暮れ切った八時にホテルへ戻った。十五時間も石畳の上にいたから身体がすっかり冷え切ってしまった。熱い風呂も温かい食事も二の次にして一階にある小ぢんまりしたバーに駆けこんだ。部屋の真ん中の輪になっているカウンターには、すでにオランダ人のお客が何人もいた。

「Whisky with Hot Water」と禿げているバーテンに注文したら「イケベ」と馬鹿にはっきりした発音で僕の名前が右の方から飛んで来た。隣りの大きな若い男の向こうに早くも来ていたスピーヘル氏が頬骨を真っ赤に染め、常緑樹の葉っぱみたいな青い目を潤ませ、長い前歯を剝き出しにして「Nee Nee」と言いながら若い男と席を替わった。

「オランダ人が初めて日本へ行ったのは一六〇〇年。首席航海士のウイリアム・アダムズはそのまま日本に住みついた。余程すばらしい持て成しを受けたに違いない。私はオランダ人としてアダムズに代わり御礼をしたいから一献、さし上げる」と言う。呂律は怪しいし、ふあふあ、げぇげぇと発音するオランダ訛りの英語だったから、よく聞きとれず、そう言っているのだろうと解釈した。

「オランダに来て飲まねばならぬ酒はジェネヴァ（Jeneva）を措いて何があるか？」と言いバーテンに小さな脚つきグラスを持って来させ自分の前にある細面《ほそおもて》の茶色のボトルから注いでくれた。ジンのような透明な酒だった。

グラスを手にしたら「待て」と言う。「これは、Old Jenevaといい長期に熟成させてあるからアルコールも三七度ある。Young Jenevaというのもあるが熟成期間が短く三五度しかない。ま、子供用だ。どれも大麦から作るのである」と説明があった。

「では」とグラスを唇に当てたら「待て」と言う。

「ジェネヴァをストレートで飲むのは素人。ジェネヴァを一口含んでは、ビールを一口、というのが玄人の飲み方である」と言った。

「では」とビールを注文しスピーヘル刑事の指示に従って飲んだら、ハーブの香りとビールの香りがアンバランスにバランスがとれ、強いアルコールの甘みと淡い穀物の甘みが口いっぱいに広がり咽喉元を越してから思わず「うまい」とつぶやいた。「うまい」、「うまい」で乾杯を重ねていたら彼はひょろりと立ち上がり「大変、うまい酒をご馳走になり心から感謝する」と言った。

話が違うじゃねぇかとぼやき腕時計を見たら十一時半を指していた。

翌日の朝、マース河に架かるマーストリヒト市中一番大きな橋の上で撮影が行なわれた。

「やっと連絡のとれた父娘は秘密裡に会うことになる。父はオランダ女性に伴われボートに乗って待機。時間を合わせて娘が橋の上に来る。ところがスピーヘル刑事に知られ二人はお互いを目の前にして惜しい別れをする」

七メートル足らずのおんぼろモーターボートにアンネ、僕、助監督が乗り、橋の上から合図されたら橋に近づくよう待機していたが合図がなかなか来ない。船に乗って二時間になる。河の上だから寒さは冷たさに変わった。

出発する玄関口でスピーヘル氏が「昨夜は申し訳ないことをした。今日は寒さが募ると思う。こいつを飲んでたらいい」とヤングジェネヴァを一本くれたのを思い出した。

「嬉しい」とアンネが叫び、まず彼女から口をつけて回し飲みをした。アンネに「どう？温かくなったか」と聞いたら「温かくなったけど」と言い自分の下腹部を指して、しゃがむ格好をした。

彼女が老船長にトイレはないのかと聞いたら、あるが扉はないし手洗いの水もないと言われた。三人の男は一列に並ばされ舳先《へさき》に向かっている間に彼女は用を足したらしい。エンジンの音であの音は聞こえなかったが一分も経ずして晴れ晴れとした声で「ＯＫ」と高い声を上げ、手を洗いたいが水に手が届かないからジェネヴァを指先にかけてくれと言う。

オランダの名酒が手洗い水になるとは思わなかった。

ギリシヤのロケ地にて

七年前、ギリシヤに十五日間、滞在したことがある。

「息子の嫁（樋口可南子）と愛し合った大学教授（僕）は、男と夫と親の間に、さ迷い苦悩の末、ギリシヤに去った嫁を捜しに行く。会うことは出来たが清算も解決も謝罪も成らず、帰途、船上で自殺」

TVドラマ（『アクロポリスの彼方に』）の撮影の為の滞在だった。

撮影旅行では、滅多に観光は出来ないと承知しているが、折角のギリシヤ行き。少しぐらい予備知識があってもいいんじゃないかとギリシヤに三年留学していた親友の牧師に電話をしたら「電話じゃ教え切れないよ。とにかく食べものに凝ったものはないね。ただ何んにでもオリーブ油を使うんで短時間の滞在じゃ、うんざりするか、下痢するかのどっちかだね。酒？　酒はウゾー（UZO）と言って苦よもぎ《にが》（Anise）で作ったのがあるよ。アルコールの度が強くて、香りがいい。透明だけど水を入れると白く濁るんだ。国民酒ってのかな。みんな、よく飲んでるよ。郷に入れば郷に従えだ。大いに飲んでおいでよ」と言った。アテネに着いた日は十一月五日。寒いの、なんのに驚いた。考えてみれば、目の前はエーゲ海、アフリカも近いというイメージがあっても、北緯四十度線上だから、青森、秋田と同じ気候でもおかしくない所。

翌日、朝早くアテネ市内の曲がりくねった狭い石畳の路地で撮影。教授が嫁を捜して歩く場面の一カット。

路の両側は古い石造りの、せいぜい三階までの低い家が、びっしりと並んでいる。何処から来たのか髭を生やしたおばさん、おじさん、若者、そして子供が撮影見物に集まった。

「池部さん、カメラが見えないところから道の真ん中を歩いて来て下さい」と監督が言うから、カメラから百メートル離れた建物の陰に隠れていたら、鼠色の雲の脚が速くなり、薄い日が差したかと思うと忽ち夜みたいに暗くなる。「太陽が出たら、カメラを回します」と言われて一時間待機。独りぼっちで、寒さに耐えて足踏みしたり、手を擦《こす》ったり、膀胱が満杯になって来たのを感じたりしていたら、道路脇の遺跡の窪みから、ズボンの裾を引っぱられた。極太毛糸のショールを深々と肩に掛け、ネッカチーフで頭と顔を包んだおばさんが裾の端を摑《つか》んで盛んに引っぱる。コップを片手に捧げて飲めと言う。と言っているらしい。

僕の後ろにいた三十人ばかりのおじさん、おばさんが一斉に、両腕で身体を抱き、寒い寒いのジェスチュア。手先でコップを持つ型を作って飲み干す真似をする。

「ウゾー」と子供の大きな、高い声。

僕は了解した。覚えたばかりのギリシヤ語「エフハリスト（有り難う）」と言って、がぶりと飲んだら、ショールのおばさんと三十人の拍手が石畳と石の建物に響いた。又、「エフハリスト」と言って、お辞儀を三度したら胃袋が縮み目玉が寄って来た。

「池部さーん、日が出て来ましたあ。本番。よーい、スタート」の声が、遥かから聞こえて来た。僕は建物の陰から「あのひとに会ったら、何んと言えばいいんだ」といった思いを胸に秘めて歩き出した。だがである。あの一杯で、すっかり腰が抜け、目が回っていたから、路地の真ん中を歩けない。右手を建物の壁に突いてよろり、よろりとカメラに向かった。

「はい、カット。池部さん、四十年も俳優やってるとテストじゃ、手を抜くんですかね。今の本番の歩き方。感じが出てたな。抜群。美事。さすが」と監督が言った。

七日後、トルコに近いコス島に行く。

標高八百メートルの山の中腹「ZIA」という村で撮影。柑橘類の樹が急斜面の岩肌にへばりついている、その中の一軒家を借りた。

嫁の隠れ家を捜し当てた教授が、嫁に謝罪する場面。寒さはアテネ以上で、可南子君も僕も水っぱなが落ちてきて台詞が言えない。

先に撮影を終えたら、プロデューサーが「お疲れさま。そこにタベルナ（食堂のこと）があるから、一杯、如何？」と言う。渡りに船。

小さな木造の暗い部屋が一つあるだけのタベルナだった。入口に薄紫の可愛い花をつけ、草のような木のローズマリーが植えてあった。

葉を一枚むしって、鼻先に持って来たらヨーロッパも東の匂いがした。

「冷たいから風邪を引く。何かお酒を飲みなさい」と四十がらみのおかみさんが、きちんとした英語で言う。サンキュウと答えて彼女を見たら、淡いグリーンの目が大理石のギリシヤ彫刻のような顔に、静かに沈んで奇麗だった。

「ウゾーがいい」と言ったら、おかみさんが手を振って「ノウ。ウゾーは胃や腸の薬で、子供が飲むものだ」と言った。僕が、小首を傾《かし》げたら「ほんとはね。ウゾーを飲むと女も男も」と自分の股間に手を当て「glow upして、頭が悪くなる」と言った。

ギリシヤの酒は、ウゾーだと気負って来たがウゾーの何んたるかを知らずに、帰国してしまった。映画は哀愁があって、いい出来だった。

ラム酒に浸した指

僕の残薄な知識と嗜好の限りでは、砂糖から作られる酒、褐色、四〇パーセント以上のアルコール度、ジャマイカ特産、たんまりして甘い、といったところで、何んな料理に合うのか、何んな場合に飲んだらふさわしいのか、見当もつかない。

三年前の秋口の頃、小学校で仲の良かった、伊東市で開業している歯科医の大垣君から懇切な、且つ執拗な誘いがあって、伊東のSカントリークラブでプレイすることになった。

プレイを終えたら、家で風呂に入って、いっぱい飲んで、それから、うまい寿司屋があるから食べに行こうと言う。

瀟洒《しょうしゃ》なマンションの室で、窓下から町の屋根を越して伊東港が目の前、大島も望見出来た。

　コップ四分の一ほどに褐色の酒を注いでくれた。

「なんだい。これは？」と聞いたら「ラムなんだ」と言う。彼は自分の分を、口の広いファッションドグラスの底、僅かに注いだ。

「では」と意味なく、コップをかちんと合わせたら、彼は薬指をラム酒に浸して、抜いてはしゃぶった。

「ラム酒って、そうやって飲むのかい？」

「いや、僕は弱いから、こうやってんだが、君は大いに飲んでくれよ」と言い「実は、大した話じゃないんだが」と言った。

　話が飛躍して、断片的で、もどかしい。

「半年になるかな。寒かったな、あの日。治療の後片づけしていたら、救急車が止まって、僕んとこに、顔を両手で押さえて七転八倒してる、若い黒人の女を担ぎこんで来たんだ」

「先生、この女性、つばめホテルでショウをやってるのだそうです。言葉が、まるで解りませんが、当人も、周りの黒人も、このひとの口を指さしているんで、歯を痛めているのではないかと判断致しまして」と救急隊員が言う。「じゃ」と彼女を診察台に寝かせた。彼女はドアーの軋《きし》みみたいな呻《うめ》き声を上げている。

口を開けようとしたら、顎を触っただけで生きている車海老のように身体を跳ねた。まずは、と身体を押しつけたら、骨と皮ばかりに瘦せているのに驚いた。

「先生、ラミだか、ルモだか、ロメだかって言ってますね」と中年の隊員が僕の顔を見た。

「あっ、先生、私、頂いた瓶があるんですが」と若い隊員がドアーの脇に置いた瓶を持って来た。「RUMって書いてある。ラム酒らしい。これのことを言ってるのかな」と僕はつぶやいて、寝ている彼女の目の上で、瓶を見せた。

「お、お、お」と咽喉の声を張り上げた彼女は立ち上がり、僕の手から瓶をひったくり、瓶の口を乱暴に捻《ひね》った、と思ったら痛そうな顎を懸命に開けて瓶の口を突っこんだ。

ごくっ、ごくっと十何回も音を立てて、瓶三分の二ほども飲んだ。と思ったら、ばたりと倒れ、轟然と鼾《いびき》をかいた。

静かになったから、口をこじ開けたら、ひどく化膿した臭いが吹き出て来た。

「先生、やっぱり歯ですか。しかし、先生、この女、どこの国の女ですかね」と中年の隊員。

「さあ、調べれば解るでしょうが。これだけの強い酒が飲めるのだから、あっちの方のひとでしょうな」

「はあ、あっちですか。報告書には、あっちと書いておきますか」

診察したら下顎、右大臼歯の周囲が、凄まじい歯槽膿漏に侵されていた。とにかく抜歯をし化膿を止めることにした。

手術後、高熱も治まっていないので三日間、一階上の住居にしている、この室のソファーに寝かせておいた。

抗生物質の薬効もあり、抜歯した後の傷も治って、彼女は僕に送られて、つばめホテルの寮に戻って行った。頬の脹れも引いて、睫毛《まつげ》の濃い潤んだ真っ黒い目、色のついた厚い唇が魅力的だった。

その五日後の昼前、彼女が僕の診察室を訪ねて来た。

「あたし、マネージャー、二万円、in month、くれる。あたし、moneyないよ。だから、あたし、日本男《おとこ》とbed inする。一回、一万五千円。one month, two people。あたし、お金ないから、食べないよ。だから痩せた。あたしJamaica人。ラム好き。だからラムだけ飲んだ。でも沢山、飲む、死ぬね。あたしラム、もう飲まない。これ一本、最後、Dr.《ドクター》に、お礼だ、presentするね」。彼女は「JAMAICA RUM COROBA」のレッテルが貼ってある瓶を、僕に手渡して「bye see again」と言って帰った。

そして三日経った日だった。つばめホテルの支配人から電話があった。

「先生が治療したうちの舞台で踊っていた栄養失調のジャマイカの娘、死にました」

「えっ、死因は？」

「狭心症だそうです。お知らせまで」

大垣君は、また「大した話じゃないんだけど」と言いながら、ラム酒に浸した指をなめた。

ハワイ帰りの土産話

「先生よ。えって（行って）も、ええ（いい）かね」

夕方、与一から電話がかかって来た。

「今、成田なんだ。ハワイに、えった帰りでよ。先生に土産、買って来た」と言う。

「ま、いいだろ、来いよ」と言って受話器を置いた。与一とは二十七、八年前、初めて出会って以来の付き合い。その頃、彼はまだ、十七、八歳だったのじゃないかと思う。

田園調布の近所に家を建てることになり、見回りに行く度に、止めた自動車の運転席のドアーを開け、野球帽を脱いで、深々とお辞儀をする少年がいた。背の低い、芋俵みたいな身体。坊主頭、顔の造作は、全て角がとれていて愛嬌がある。目玉が大きく、睫毛《まつげ》も濃くて、長い。

一年近く経った日、「君は誰だい？」と聞いたら「ずつ（実）は、俺、肉屋の小僧なんだ。シター（スター）のえけべ（池部）さんだろ。ここに住むようになったら、俺んとこの肉、買ってけろや」と言う。僕は忽ち、この一途な商売熱心さに感激。肉の御用なら、彼と決めて、今日に至っている。その一年後、与一は金五万円の退職金を貰って独立。そして十年経ち、二十年経った日、年商五億円の肉卸しの会社を作る身分となった。誠意と努力の賜だろう。

ただ、甚だ残念なことに、生まれて以来、身についている東北地方の訛が、三十年も東京に居るというのに、まるで直っていない。

商売に差し支えるだろうと言ったが、東京弁だって方言だべと言い返された。九時を回った頃、与一は現われた。とにかく、寒い、炬燵《こたつ》に入れよと勧めた。

「日本は、しびれるにゃ。ずつはさ。娘も東大に入ったたつうんで、お祝いつうのかな、女房と三人で、チ（ツ）アーの中に入ってよ。ハワイに行ったわけよ。あっつ（ち）へ行ったら、西洋人の目んたまの青いのとさ、うめえことやれると思ったらさ。西洋人なんて居ねぇんじゃねぇの。日本人ばっかだ」

「何んだ。ほんとは、それが目的かい」と僕。

「とんでもねぇ。俺が、手前《てめえ》で養殖すた蛤や、すずめがくっついてんだ。考えるだけでも、ひでえ目に遭うよ」

「何んだい。その蛤や、すずめってのは」

「女の古いのは蛤でよ。若けぇのは、すずめって言うでねぇの？」

「雀、ね」

「まあ、しじみ（蜆）でも、ええけんどよ」と言って「先生よ」と頓狂な声を上げた。

「俺あ、フラダンスのショーを見たよ。いがった（よかった）にゃ。でもよ、飲まず、食わずで見せられたもんな。馬鹿々々すくなってよ、ひょいと前の方の席を見たら、みんな、赤けぇ花、載っけたコップの、なんか、うまそうなもん、飲んでるでねぇの。チアーの案内人にあらあ、何んだって聞いたらよ。あれはハワイで、有名な酒だけんど、チアーの料金には入ってねぇから、飲みたけりゃ、ずぶん（自分）の金で、払って飲めって言うでねぇの。けつ（けち）たらすい話だな。何んて名前の酒だって聞いたらよ」

「マイタイ、か？　マイタイってのは、ラム酒がベース。キュラソとかアブサンとかをカクテルして、冷たいライムジュースかオレンジジュースで割ったもんだ。トロピカルのロマンティックな飲みものだな」と言ったら、

「そうかね。それでよ。案内人が、そのマイタン（イ）だつうから、頭の毛に、でけぇ花くっつけた日本人の娘っこがぇ（い）たから呼んでさ。マイタン（イ）、シ（ス）リーと注文すたんだ」

「うまかったろ。ハワイだ。雰囲気ぴったり」

「それがさ。飲んでねぇのよ。花飾りのお姉ちゃん、何を勘つがい（違い）すたのかな。勘定の伝票、持って来やがった。つがう（違う）よ、マイタン（イ）だって、何回も言ったら、その、たんびに伝票用紙を持って来たんだ。俺あ、いが（怒）ったな。そしたら、二世か三世かのマネーザー（マネージャー）が来てさ。ソーリー。あのギャール（ガール）、この前のウェーク（ウィーク）、香港から来た広東人で、あたす（し）のワエフ（ワイフ）の前のハジ（ズ）バンドの娘だっつうのよ。あなだ（た）、俺のこったな。あなだが言うマイタンは広東語で、お勘定のことだって言うんだな。みんなが飲んでる、あの酒はマイタン（イ）だから、ちゃんとマイタン（イ）と言ってくれねぇと、あの娘にゃ、わかんねぇだってさ。俺、又、娘っこ呼んで、腹が立ったから、広東語のお勘定つうの、ゆっぐり、ゆっぐりマイタンって言ってやったのよ」

「わかってくれたかい?」

「うんにゃ。そしたらさ、伝票用紙の束を五冊持って来たんだ。そんで、あんだ、何んにも飲まねぇのに、何故、金、払うのか。だから、あたす、日本人きらい。あたすたち、ビーガーでないよって言うんだ。先生、ビーガーって何んのことだね」

「え？　ビーガー、ね。ベガーなら乞食のことだけど」と僕は言った。

与一は、アロハシャツ一枚をプリズントだと言って炬燵の上に置き、十二時半頃、帰って行った。

あとがき

正確なところは忘れたが、少なくとも石坂洋次郎先生の小説『石中先生行状記』の映画化の撮影に入った昭和二十五年頃までは、無口に等しいほど口数が少なく、返事さえ、ろくにしなかった。

よくぞ、これで俳優を勤める気になっていたもんだ、と我ながら鈍《おぞま》しく寒心《かんしん》したら、益々無口に磨きがかかった。

いっそのこと俳優を罷《や》めて、下手の横好きの、ものを書く方へ転向しようと何度も決心をしてみたが、あの頃の社会状況と己れの才能を眺めてみると、とても転向して食って行ける自信がなくなり後退りをしてしまい、所得のある俳優業の道を外れる気持になれなかった。

ずるいと言えばずるいし、弱いと言はれてみれば、ほんとに弱い。

と或る日、石坂洋次郎先生のお宅を訪ねたとき「あたしはお酒が飲めないから社交下手で困ってます。人にはそれぞれの生き方がありますから社交下手でも一向に差し支えないのだが、池部君の仕事にしても私の仕事にしても世間に認めてもらって、初めて仕事をしたということになります。自分だけで楽しむ芝居も小説書きも、それではプロとは言えません。社交術だけで世間に認めさせる、これは邪道も甚しいが、あたしはそういう人達を羨ましく思うときもありますね。だから多少はお酒を飲めるようにしようと思っているのですが、駄目でした」とおっしゃったことがある。

先生のお言葉の真意は計り損《そこ》ねているが、伺ったお言葉を機に、無口解消を志し、酒を飲んで理性も知性も忘れて、世間とやらの中に入りこむ努力をしてみた。

飲めない酒を飲む練習をした。案に相違して、練習の甲斐あって飲めるようになったのはいいが、飲酒の量は人後に落ちないほどになってしまった。

だが、いくら飲めるようになっても、世間の中に器用に溶けこむことが未だに出来ず、石坂先生のお言葉を思い出しながら悩んでいる。

池部良

【著者紹介】

池部　良（いけべ りょう）

1918（大正７）年、東京・大森生まれ。1941年、立教大学文学部英文学科卒。同年、東宝シナリオライター研究所を経て、東宝映画に俳優として入社。映画『闘魚』でデビュー。戦時中はニューギニア、中国を転戦し、陸軍中尉として復員。戦後、東宝映画と契約、専属俳優として『青い山脈』『暁の脱走』『若い人』などでトップスターに。その後、東映作品『昭和残侠伝』シリーズなどでも人気を博し、舞台、テレビでも活躍。日本映画俳優協会理事長、日本俳優連合副理事長などを歴任。エッセイストとしても評価が高く、著書多数。1991年にはエッセイ集『そよ風ときにはつむじ風』（毎日新聞社）で日本文芸大賞受賞。2010年、逝去。

ブックデザイン／タカハシデザイン室
カバー撮影／二石友希
撮影協力／鈍牛倶楽部
編集／君塚太（TAC出版）
編集協力／布施菜子

独《ひと》り酒《ざけ》、振舞酒《ふるまいざけ》

2015年５月29日　初　版　第１刷発行

著　　者　池　部　　良
発 行 者　斎　藤　博　明
発 行 所　TAC株式会社　出版事業部
（TAC出版）

〒101-8383 東京都千代田区三崎町 3-2-18
TAC本社ビル
電 話 03（5276）9492（営業）
FAX 03（5276）9674
http://www.tac-schoo.co.jp

印　　刷　株式会社　ミレアプランニング
製　　本　株式会社　常　川　製　本

ISBN 978-4-8132-6206-0